- 第一本插入在线课堂的小说版做账训练手册
- 第一个手工账、Excel账、财务软件账三账合一的做账训练营

小艾上班记7

Xiaoai shangbanji Ⅶ

生命需要我们努力

陈艳红 ◎ 著

—— 做账高手训练营

做事情是需要感觉的，**感觉**是需要寻找的，而训练的过程就是**寻找感觉**的过程

东北财经大学出版社
Dongbei University of Finance & Economics Press
大连

图书在版编目(CIP)数据

小艾上班记7：生命需要我们努力·做账高手训练营/陈艳红著.
—大连：东北财经大学出版社，2015.9（2016.7重印）
ISBN 978-7-5654-1897-6

Ⅰ.小… Ⅱ.陈… Ⅲ.会计方法 Ⅳ.F23

中国版本图书馆CIP数据核字(2015)第061820号

东北财经大学出版社出版
(大连市黑石礁尖山街217号 邮政编码 116025)
教学支持：(0411) 84710309
营 销 部：(0411) 84710711
总 编 室：(0411) 84710523
网　　址：http://www.dufep.cn
读者信箱：dufep@dufe.edu.cn

大连图腾彩色印刷有限公司印刷　　东北财经大学出版社发行

幅面尺寸：170mm×240mm　字数：218千字　印张：12　插页：1

2015年9月第1版　　2016年7月第3次印刷

责任编辑：章北蓓　王　丽　孔利利　　责任校对：王　娟　毛　杰　刘咏宁
封面设计：冀贵收　　版式设计：钟福建

定价：98.00元（全套定价）

导读

《小艾上班记》系列书籍以小说的形式诠释会计，在故事中学习，在学习中寻找乐趣；既有手工账，又有电子账；既有会计实践，又有考试经验，还有创业经历；职场哲学、生活/爱情哲学穿插其中。《小艾上班记》系列书籍在手把手教会读者做账、看账的同时，还让你在职场和生活中更加游刃有余。

一．会计考试

上了会计这条贼船，想不考试都难。会计考试有从业、初级、中级、注会等等，考试多且难，因此，好的学习方法变得尤其重要，它可以让你快速高效、一次性过关，从而节约大量的时间成本。

《小艾上班记》会计考试书籍，目前主要集中在会计中级领域，因为会计本科毕业，在学校专业课程学得好的同学，可以不考初级，直接考中级；当然后续我们还会涉及初级，主要是针对会计本科毕业但专业基础相对薄弱，或者是转行过来，或者是毕业很多年都没有摸过书，也没有从事会计相关行业的同学，这部分同学最好是先考初级，然后再考中级。

针对会计中级考试目前出版了4本（《小艾2》、《小艾3》、《小艾5》、《小艾8》），这些书主要是在小艾长期学习及教学过程中形成的**小艾四轮复习法**的基础上撰写的，目前出版的主要是针对第一轮复习，如有时间，会慢慢完善后几轮的复习。

小艾会计考试系列如下表所示：

中级会计职称考试	复习阶段	复习目标	编号	书名	内容简介
中级会计实务	第一轮复习	主要是以点为主，在全面复习每个知识点的同时，注重思维方法的训练	小艾2	《小艾上班记2—奋斗如歌—备考日记—中级会计实务》	本书是应广大读者的要求写的一部有关会计考试学习方法的书，作为一名会计，实践与理论缺一不可。我们在上班的同时，如果又能顺利地通过各种会计考试，岂不两全其美？本书以“中级会计实务”为例，向读者介绍了各种学习方法与思维技巧，你可以从中领悟，选一种最适合自己的

续表

中级会计职称考试	复习阶段	复习目标	编号	书名	内容简介
中级会计实务	第二轮复习	主要是以线为主，通过内在联系把各章节的知识点串联起来，同时训练做题速度技巧，加快复习进度	小艾3	《小艾上班记3—小艾习题精选—中级会计实务》	《小艾2》记录了很多策略和方法，有小艾的，有杜老师的，还有其他人的，每一种方法策略都阐述得很详细。不同的人根据里面的方法，然后结合自己的实际情况都可以创新地形成一套属于自己的方法体系，然后再去实施。这就是所谓的在模仿中成长，在成长中创新，甚至超越。在《小艾3》中，小艾学习了杜老师的理念后，形成了一个实战方法体系，那么你学习了杜老师的理念后，形成的方法体系又是什么呢？你在模仿当中，是否也有所创新呢
中级财务管理	第一轮复习	主要是以点为主在全面复习每个知识点的同时，注重思维方法的训练	小艾5	《小艾上班记5—水仙花开—备考日记2—中级财务管理》	本书是一部有关中级财务管理考试学习的书。书中总结归纳了相关的知识点及解题思维模式还有相对应的练习题。小艾不是老师，小艾是您的朋友，老师是让你明白，小艾是让你醒来，老师是不断地往你的脑袋装什么，小艾更希望你心里能生长什么。在《小艾5》中，你能找到触动你的地方吗
中级经济法	第一轮复习	主要是以点为主在全面复习每个知识点的同时，注重思维方法的训练	小艾8	《小艾上班记8—速战速决—备考日记3—中级经济法》	本书把经济法相关的知识点归纳成了119个知识点导图，只要把这些图背会，通过经济法考试基本上胜利在望。同时《小艾8》也是一本有关考试学习方法的书。书中杜老师向小艾传授了科学用脑的方法，包括如何快速阅读，如何简单记忆，以及如何让大脑保持旺盛的学习热情等

小艾四轮复习法简介：

第一轮复习，主要是以点为主

在全面复习每个知识点的同时，注重思维的训练（如果你是经常加班族，或经常出差族，或会计妈妈族，那么第一轮复习的启动时间最好是在新教材出来之前；虽然教材每年都会改一点，但是会计思维这些本质性的东西却不变），比如，倒扎、默写分录抄数字等思维方式，不管是存货，还是固定资产，甚至合并报表，在很多地方，我们都可以用到倒扎、默写分录抄数字等思维方式。只要我们对会计的本质及数字之间的联系摸得很透彻，做题时把题中的数字抄下来，答案就出来了，有些题甚至可以做到秒杀。在《小艾上班记2》中，对倒扎、抄数字的理念有详细的描写，需要大家慢慢领悟，然后举一反三，触类旁通。如果你在学习的过程中，对这种理念还是不清晰，可以加群讨论，在群文件中下载相关视频；具体操作加小艾微信公众号xiaoaicoco，回复“我要加群”四个字，获取相关QQ群号，群密码统一为5228（艾米暗语：吾爱艾吧，我们都爱小艾吧）。

第二轮复习，主要是以线为主

第一轮复习完后，有的同学就会发现，我怎么看了后面的忘了前面的；这很正常，我们的记忆就像一个沙漏斗，你一边把知识点往里面倒，沙漏斗一边把它全部漏出去。针对这种情况，只有两种办法可以解决。一种是加快速度，也就是我倒知识点的速度大于它漏出去的速度；它漏出去了，我又往里倒，而且倒的速度越来越快，让它来不及漏。这样，知识点就停留下来了。所以，那些“三天打鱼，两天晒网”，看书听课走神，速度很慢的同学，就很痛苦了，好不容易看了一点，结果全漏了。还有一种方法，就是把这些知识点全部串联起来，就像我们串珠子一样，这样，它就跑不掉了。最好是把这两种方法相结合。所以，我们第二轮复习的主要方式是串珠子，同时训练做题的速度技巧，加快复习进度。一般第二轮复习比第一轮复习速度要快很多，也会轻松很多。

第三轮复习，主要是以面为主

第二轮复习完后，我们就要突破跨章节习题，找出章节与章节之间的本质联系，并且学会根据**内在联系**把他们串联成一个面，同时开始实施“捡分”攻略；综合题、计算分析题、多选题、单选题、判断题，该如何突破，怎样把能捡到的分都能捡到，这需要训练，训练完后，基本上能知道自己大概能捡多少分了。分数不是考完后才估分的，而是考前就开始估分了。一般考试正常发挥，不出意外，估分的标准差，一般不超过10分。比如，你估分为80分，那么你的考试成绩，就在70~90分之间。同时，你也知道自己的提分区，可以重点再突破一下，让自己的分数再提高一个档次，从而降低自己考试不通过的风险。

第四轮复习，整体把握

很多同学，到了临考几天就开始焦虑，有的还有考试焦虑症；最典型的表现就是一到考前就开始到处乱翻书，从第一页翻到最后一页，从最后一页再翻回第一页，翻来覆去，也不知道她到底看进去了多少。那情景，让人想起一句古诗“清风不识字，何故乱翻书”。还有的就是，到了要考试了，才发现自己还有好多东西没看；一听别人说，这个地方可能会考，赶紧看一下这个地方，那个地方可能会考，又赶紧看一下那个地方，就这样东一头，西一头乱撞，毫无章法。其实，到了考前最重要的是整体把握。比如，中级会计实务讲了什么，不就讲了一盘账吗？把各种经济业务全部做完，最后编制合并报表。（当然，如果你没有经过前面的三轮复习，我这样说，你是一点感觉都没有的。）书要越看越薄，到了快要考试的时候，你内心的感觉应该是基本上都会了，没有什么看头了。也就是说，只要前面三个阶段你都做好了，最后只是巩固一下，顺便查漏补缺。如果你所在的地区是机考，那就应该练习操作一下机考系统，熟悉一下考试环境，模拟一下考试现场。（你可以加小艾QQ群，加群方法：先关注小艾上班记微信公众号xiaoaicoco，然后回复“我要加群”四个字，获取群号，群密码为5228，免费申请一个机考账号）。

小艾会计考试学习方法体系用图表示如下：

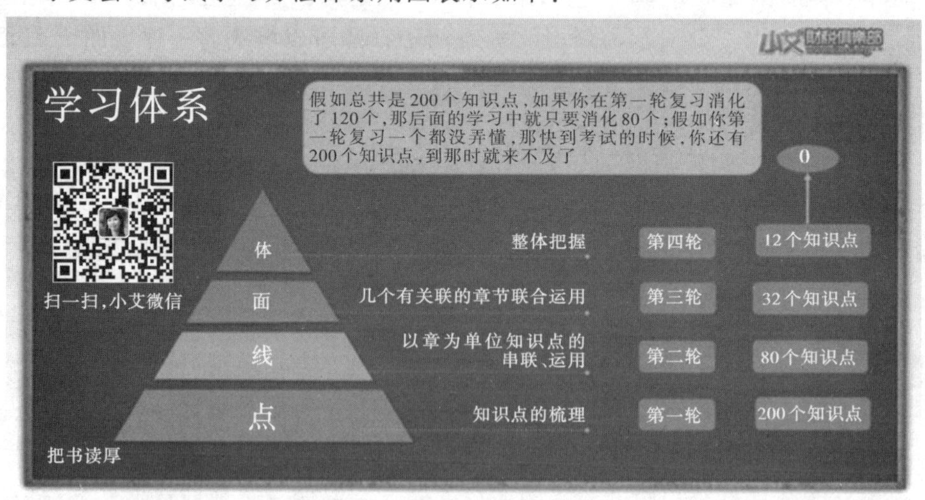

二. 会计实操

小艾会计实操系列书籍，目前主要是出版了《小艾1》、《小艾4》、《小艾6》、《小艾7》（其框架内容如下面的图表所示），主要是为刚毕业不久，无实操经验，没有全盘账思维的同学定制的，内容主要以工业企业为主，后续我们还会增加其他特殊行业的真账实操，如房地产、外贸行业的真账实操等，以及财报分析、税收筹划等中高端财务管理知识。

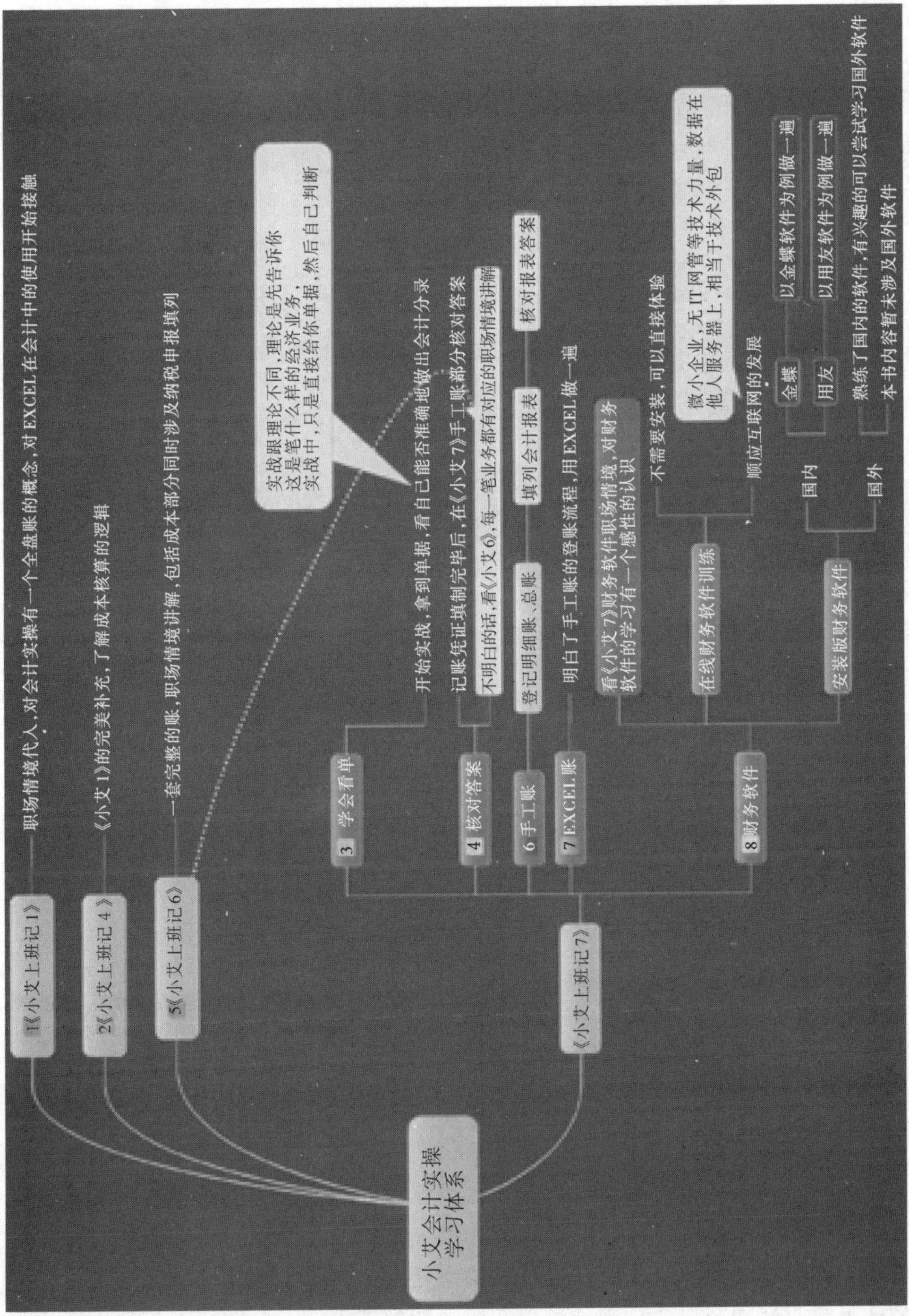

- 小艾会计实操学习体系
  - 1《小艾上班记1》——职场情境代入，对会计实操有一个全盘账的概念，对EXCEL在会计中的使用开始接触
  - 2《小艾上班记4》——《小艾1》的完美补充，了解成本核算的逻辑
  - 5《小艾上班记6》——一套完整的账，职场情境讲解，包括成本部分同时涉及纳税申报填列
  - 《小艾上班记7》
    - 3 学会看单
      - 开始实战，拿到单据，看自己能否准确地做出会计分录
        - 实战跟理论不同，理论是先告诉你这是笔什么样的经济业务，实战中，只是直接给你单据，然后自己判断
    - 4 核对答案
      - 记账凭证填制完毕后，在《小艾7》手工账部分核对答案
      - 不明白的话，看《小艾6》，每一笔业务都有对应的职场情境讲解
    - 6 手工账——登记明细账、总账——填列会计报表——核对报表答案
    - 7 EXCEL账——明白了手工账的登账流程，用EXCEL做一遍
    - 8 财务软件
      - 看《小艾7》财务软件职场情境，对财务软件的学习有一个感性的认识
      - 在线财务软件训练
        - 不需要安装，可以直接体验
        - 顺应互联网的发展
          - 微小企业，无IT网管等技术力量，数据在他人服务器上，相当于技术外包
      - 安装版财务软件
        - 国内
          - 金蝶——以金蝶软件为例做一遍
          - 用友——以用友软件为例做一遍
        - 国外
          - 熟练了国内的软件，有兴趣的可以尝试学习国外软件
          - 本书内容暂未涉及国外软件

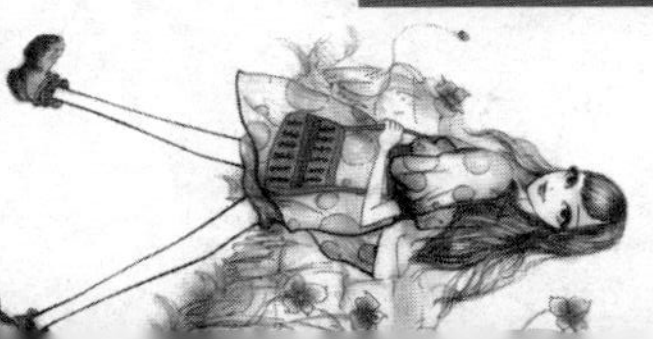

学习目标	编号	书名	内容简介
全盘账务的处理，包括手工账、EXCEL账和简单的财务软件操作	小艾1	《小艾上班记—真账实操教你学会计》	本书是小艾写的第一本书，主要记录了企业工商注册—建账—全盘账务处理的全过程，同时也记载了一个会计成长的全过程。全书分为四个部分：(1) 通俗会计原理；(2) 一套服装批发企业的全盘账；(3) 一套简单咨询公司的账；(4) 一套Excel账。此书一出来，深得广大艾迷的喜欢与追捧
	小艾4	《小艾上班记4—花开锦时—工厂会计真账实操》	《小艾1》一经出版，便得到了广大艾迷的喜爱，但由于篇幅所限，里面未涉及生产成本核算等方面的内容。《小艾4》是《小艾1》的完美补充及升华，主要是以工厂为背景，重点讲述了生产成本的核算方法与流程以及成本控制的思维方式。利润=收入-成本费用，这个会计恒等式是所有管理学的最高境界，试问，哪一位管理者所做的管理工作，不是为了开源节流呢？因此，利润=收入-成本费用，这个会计恒等式也是我们会计人员迈入管理的一个最佳途径，因为我们从第一天接触它开始，就具有了先天优势
	小艾6	《小艾上班记6—企业纳税真账实操》	本书讲述了一个企业会计人员从会计到纳税申报一气呵成的全过程，杜老师告诉小艾，要想成为一个优秀的税务会计人员，必须具备5个方面的素质，你知道小艾是怎么做到的吗？跟随小艾，一起同行吧
	小艾7	《小艾上班记7—生命需要我们努力—做账高手训练营》	本书主要写的是该如何学习财务软件，同时通过手工账、Excel账与财务软件账的比较，让读者对做账有个系统清晰的了解。书中比较侧重实操训练，有真实单据、真实账本，还有演示视频，同时对职场生存及会计人生进行了探讨

三. 职场生活

小艾系列书籍不仅仅是一套会计学习书籍，也是一套会计成长的书籍。毕业5年，这段时间是我们工作后的黄金学习成长期，我们对自己应该有详尽的规划。就像书中主人公小艾一样，也给自己一个5年规划，“即毕业5年内，把会计中级职称和注册会计师考过，同时兼顾爱情婚姻，顺利成家立业，然后步入人生正轨（引用《小艾2》）”，5年后（约二十七八岁），这个时候再站在职场上，你至少会有如下资本：

（1）你已经有5年的会计工作经验（虽然工作经验也有质的区别，但是对量来说大家都是5年）；

（2）你有中级会计职称和注册会计师证书；

（3）你已婚已育（如果你是女生，这一条很现实，也很重要，因为大部分企业在同等条件下，已婚已育的绝对优先）。

小艾系列书籍找茬有奖活动

一本书籍的出版一般需要经过专业编辑的三审三校及质检部门的质量严格检查，但是还会有大大小小的错误，小艾系列书籍自然也不例外。由于小艾系列书籍通俗易懂，深得大家喜爱，有的读者就会不只读一遍，这样，相对其他书籍，就更容易发现错误。针对此情况，小艾系列书籍特设以下奖励，来鼓舞大家给小艾找茬挑刺。

如果你在学习的过程中，发现下述错误，请发邮件至小艾邮箱（16878977@qq.com）。

1 错别字

2 准则制度陈旧

3 观点或逻辑错误

4 其他

邮件格式分为5部分：书名、页码、行数、问题、建议及你想要获奖的书籍和你的真实姓名、邮寄地址和电话。

例：

1 书名：《小艾上班记6》

2 页码：第11页

3 行数：顺数第7行

4 问题：“何总”联系上文应该是“王总”（手机拍照附图更佳）

5 建议：“何总”二字应该改成“王总”二字

6 你希望获奖的书籍：

7 真实姓名、邮寄地址及电话：

提出的修正方案被采纳者将获得小艾书籍一本（目前已上市的书籍中任挑），原则是，同一错误，谁先提出谁获得，以邮件时间为准。

小艾系列书籍增值服务——会计考试思维训练课堂

人们都说，这个世界上最可怕的事情是比你聪明的人比你还努力，于是大家都很努力，用尽所有的力气去拼。

可是我们有时候也不能瞎拼命，还是得讲究方法；否则，你再努力，也赶不上人家，因为人家同样也在努力。你只有掌握正确的思维方法，然后在这个基础上努力，你才有可能事半功倍，完美逆袭！

小艾中级系列书籍给大家介绍了很多思维方法，比如会计里的默写分录抄数字、倒扎等思维，在很多章节，如存货、固定资产、无形资产，甚至合并报表中都要用到。只要我们具备这种思维，就可以举一反三、触类旁通，学习起来就会轻松无比。再比如财务管理，有很多很复杂的公式，千万不要去死记，而是要在理解的基础上，巧妙地记忆；这样，考试时，你才能灵活自如地运用。经济法则主要以记忆为主，只要方法得当，考前一个月开始复习都有可能通过。

为了让自己对这些思维方法有更深的体会，你可以去小艾会计QQ群下载下列视频：

1 默写分录抄数字、倒扎思维训练1——存货为例；

2 默写分录抄数字、倒扎思维训练2——合并报表为例；

3 财务管理公式巧妙记忆1——回归线公式；

4 财务管理公式巧妙记忆2——目标现金余额随机模型公式；

5 财务管理公式巧妙记忆3——固定制造费用差异分析公式；

6 经济法思维导图的训练。

最后希望大家举一反三、触类旁通，顺利地通过中级会计职称考试！
小艾会计QQ群加群方法：先关注小艾上班记微信公众号

(xiaoaicoco)，然后回复“我要加群”四个字，可以获得QQ群号，群密码验证统一为5228。

另外，凡是正版书籍上都有充值卡密，可以登录小艾财税俱乐部兑换小艾财税礼包！

前言

《小艾上班记7》主要写的是该如何学习财务软件，同时通过手工账、Excel账与财务软件账的比较，让读者对做账有个系统、清晰的了解。书中比较侧重实操训练，有真实单据、真实账本，还有演示视频。因为优秀是训练出来的，就像书中所说，“动物需要训练，比如训练老鼠的应激反应，训练让狗听话。受过训练的狗能做到停下、坐下、安静，按要求叼取食物”。看到那些训练有素的导盲犬帮助盲人安全过马路，我们都会惊叹“好厉害”！我们不知道如何训练狗，所以才总是认为自家的狗很笨。但是在养犬中心，即使是十几岁的笨狗也能训练得很好，可见训练有多重要。光说教是不行的，得练习。要想射击射得准需要三点成一条直线，那么怎样才能三点成一条直线呢？需要通过不断的打靶练习。做账也是一样，得动手，得亲自做几盘账才行。希望通过《小艾7》的训练，你可以成为做账高手。

小艾不是老师，小艾是你的朋友，所以，小艾想跟你聊的不仅仅是会计知识，更是会计人生。就像书中曼婷问小艾什么时候结婚，小艾说“不知道，随缘吧”，于是曼婷以过来人的身份告诉小艾：“你得抓紧啊，会计原理告诉我们，女孩子一定要及时将自己嫁出去。如果一个女孩子过了24岁的花样年华还未嫁出去，就要按平均年限法计提折旧了；如果等到28岁仍然待字闺中，对不起，要变更为双倍余额递减法计提折旧了；如果到了30岁，还孤单一人，加速折旧法已不能真实反映贬值的速度了，该下猛药了，只好大额计提减值准备。我现在已经是双倍余额递减了，再过两年，就要大额计提减值准备了。小艾，你也要计提折旧了吧？赶紧啊！”小艾说：“没关系，只要我们努力，只要我们有信心，就算被剩下了，也要找到如意郎君，硬生生地将计提的减值准备转回，借记固定资产减值准备，贷记资产减值损失。”

什么是会计？有两种观点：一种是监督管理；另一种是未来决策。我更喜欢把会计作为决策工具，有时候想想，不管是国家也好，还是企业也罢，都把会计作为分析决策工具，那么个人、家庭是不是也可以把会计作为一个指导工具？而且有的时候，站在会计的角度去看待生活，也是一件特别有趣的事情。

《小艾上班记》中人物的感情纠葛也是大家比较关注的，《小艾7》终于对情感有了一个结局，有的朋友看到结局特别激动，质问我：“为什么小艾没有选择杜老师？小艾选择杜老师一定会很幸福。”我说：“这个不好说，生活不是童话，不是说王子和公主在一起了，从此就过上幸福的生活了，然后故事就结束了。要知道结婚不是故事的结束，而是故事的开始，婚姻才是人生真正的修行。”

另一位朋友说：“小艾选择楚帆是正确的。根据书中人物的性格，小艾外表柔弱，内心聪慧，崇尚奋斗；楚帆外表阳光，性格却温柔，还有点孩子气；而杜老师外表儒雅，成熟，内心强大。小艾和楚帆在一起，表面上是楚帆照顾小艾，甚至有点大男子主义，小艾得听他的；一旦发生矛盾争吵，最后屈服的却是楚帆。小艾如果跟杜老师在一起，我不知道他们一旦真正发生矛盾时，最后屈服的会是谁。所以小艾跟楚帆是互补型，小艾跟杜老师是同一类人；楚帆适合做老公，杜老师更适合做朋友、做知己。”

刚说完，立马就有人反对：“杜老师那么宽容理智，当发生矛盾时，我想他会让着小艾的，所谓‘我在闹，他在笑，如此温暖过一生’。”

“爱情初期的时候或许会忍让，但是时间久了，忍让超过一定程度，人是会爆发的，最终引发根本性的性格矛盾。”

看着他们的争论，我笑岔气了。

在爱情领域里，每个人都是专家，所谓“仁者见仁，智者见智”。如果你也有想法，或者你有更好的结局，请微信扫一扫下面的二维码，直接回复发表你的看法。

关注小艾上班记微信公众号（xiaoaicoco），回复数字701，查看。

注：《小艾7》的相关业务，《小艾6》有详细讲解，建议《小艾7》和《小艾6》配合使用。

陈艳红

2016.6

目录

上篇

下篇

上 篇

第1章 手工账也有魅力

当时间老去，
我们是否还有年轻的记忆？
看春的花蕊，
闻夏的酷热，
听秋的落叶，
摸冬的寒意。

时光，总是如白驹过隙，一眨眼就毕业两三年了。

婉晴一直在大公司工作，现在已经是总账会计。

我仍然在中小企业晃荡，做的事情多，但薪水并不比别人高。唯一的优点是，我做过的账很多。

我一直认为我的生命才刚开始，

我还可以尽情地挥霍青春。

可是杜老师却说人生只有900个月。

我的心一惊，我从没意识到，人生可以短暂到如此精确。

我一直以为我的人生还很漫长，

可是没想到，我的人生只不过是一个表格，每过一个月，就在一个格子里打钩。我全部的人生就在一张纸上（见表1.1）。

关闭电脑的所有程序，只留下一张蓝天草地的桌面，以及音乐。如此洁净的页面，且让音乐小声安静地流淌，仅想，回归清心。

我静静地在方格纸上画着我的人生表格，外面的天很蓝，云很轻，风也浅，回忆却像断了的弦。

桌面上的手机响起来了，拿起一看，婉晴来电。

“小艾，你在哪呢？”

表 1.1　　你的900个月

V have only 900 months

你的900个月……

	1	2	3	4	5	6	7	8	9	10	11	12	1	2	3	4	5	6	7	8	9	10	11	12
	✓	✓	✓	✓	✓	✓	✓	…	…							✓	✓	✓	✓	✓	✓	✓		
童年		✓	✓	✓	✓	✓	✓	✓	✓	✓	✓	✓	✓	✓	✓	…	…							
欢笑																✓	✓	✓	✓	✓	✓	✓		
	✓	✓	✓	✓	✓	✓	✓																	
10岁		✓	✓	✓	✓	✓	✓	✓	✓	✓	✓	✓	✓	✓	✓									
																✓	✓	✓	✓	✓	✓	✓		
读书	✓	✓	✓	✓	✓	✓	✓																	
成长		✓	✓	✓	✓	✓	✓	✓	✓	✓	✓	✓	✓	✓	✓									
			打"√"吧													✓	✓	✓	✓	✓	✓	✓		
20岁																								
工作						感受你走过的每一个月…																		
爱情																								
30岁																								
事业																								
家庭																								
40岁																								
孩子																								
父母																								
50岁																								
健康																								
退休																								
60岁																								
儿孙																								
绕膝																								
70岁																								
安享																								
晚年																								
80岁																								
……																								
	珍惜每一天吧　momo																							

关注小艾上班记微信公众号（xiaoaicoco），回复数字702，查看。

小艾的人生表格，微信扫一扫，可以直接下载打印，珍惜每一天。

“在公司呢。”

“我就猜你还没下班。”

“应该下班了吗？”我环顾四周，才发现办公室里几乎没人了。

看来我刚才发呆发得有点久了。

“都快6点了，当然要下班了。”

“好，我也马上走。”

“先别，干脆再帮我加会班呗！”

“你想要我干吗？”

“把你们公司上个月的原始单据复印一份给我。”

“干吗？窃取财务机密？”

我脑子里立即闪现出谍战片电影。

“什么窃取机密，你看我长得像女特务吗？”

“像，美女，名门闺秀，美丽温柔。电影里的女特务都这样。”

“别扯了，我对你们这小破公司的财务机密不感兴趣，我只是想拿来练练手。”

“练什么手？”

“全盘手工账练习。”

“练习手工账？你说你都是你们公司总会（总会计师）了，还练什么手工账？”

“我不是总会，我是总账会计。”

“一样，总账会计不也简称总会吗？”

“小艾，你到底是帮还是不帮？”

“帮，帮，肯定帮。”

“那你还那么多废话？”

“我只是纳闷，你们公司上的都是ERP，你工作也好几年了，现在又是总会。如此高端、大气、上档次，还练什么手工账？”

“别提了，我感觉我现在就是一名电脑操作员，甚至连电脑操作员都不如，我每天的工作就是一个动作，打开总账模块、点审核、审核、审核、再审核，做了几年会计了，我连报表都没出过。”

婉晴抱怨连连。

看来，杜老师说得对，大公司的会计流程规范，管理到位，但是由于分工太细，很多人都没有见过全貌。

比如，购买原材料，采购部输入一张订单，点击生成入库单按钮，系统自动生成采购入库单，仓管收到货后，直接在采购入库单上点审核按钮，在审核时，可以自动生成凭证，传到总账。总账会计看到这张凭证，然后核对一下，直接审核即可。

这就是婉晴他们公司的标准流程，所以，婉晴做的事情就是审核、审核、再审核，然后再帮领导做点其他的杂事。报表是自动生成的，又有专门的报表组会计对这些报表进行审核或调整。

只见树木，不见森林，婉晴每天做的事情就是审核凭证，而其他同事做的事情，她又看不到，要不是杜老师说他们公司采购的标准流程是这样的，她自己都不知道这张凭证是从哪生成的。

再加上凭证基本上都是系统自动生成的，不是自己亲手做的，她觉得自己简直就是一名电脑操作员，没学过会计的人都能干，只要记住一些关键的审核点，对着单据点审核就行了。

杜老师说，学做账，还是得先学手工账。

会计原理是在手工账的基础上提炼出来的，手工账就是会计原理的具体存在。Excel账和财务软件账的存在都只是为了简化手工做账流程，具体来说，应该是简化人做事情的流程，而不是简化做账本身的流程，也就是说，Excel和财务软件帮你做了些事情，特别是财务软件，它在后台做了很多事情，但是你都看不到。

那么它到底帮你做了些什么呢？

它帮你做了手工账的一部分。因为它的程序就是根据手工账的原理及流程写的，然后隐藏在后台。

所以，初学者学会计原理，一定要学手工账，只有这样，有一天你才有可能知道为什么财务软件是这样设计的，甚至知道它这样设计有什么好处，或者有什么坏处，有没有更好的设计方法。

如果你会编程，你也就可以根据会计原理、手工账编个小软件；或者你不会编程，但你是一个Excel高手，你也可以利用Excel简化手工账的流程，但前提条件是你懂手工账。

所以说，财务软件和Excel只不过是一个工具，它们都是依赖于手工账的原理而存在的。

当你学完会计原理的时候，你就应该学会做手工账的全盘账。但是，我们大部分人学完了中级会计实务、高级会计实务，学完了整个大学的教材，都不敢到企业里去做全盘账，应聘的时候心都是虚的。甚至有的人在大企业里做了几年的会计，也同样不会做全盘账。

究其原因，就是没做过账，在你的心中没有一盘账。画竹子得“胸有成竹”，做账得“胸有成账”。

婉晴听了杜老师的分析，于是也准备开始练习做手工账了。等手工账做熟练了，对全貌有感觉了，再去慢慢研究他们公司的ERP系统。

我挂了婉晴的电话，拿出一沓原始单据，放到复印机里，按上复印按钮，复印机就唰唰唰地开始工作了，不到三分钟，这些单据就复印好了。我心里暗自庆幸，幸亏自己有留底的习惯，比如，一些新的原始单据我没见过，我就会复印一份，保存起来，所以，我手上各行各业的原始单据都有，也算是一笔财富了。婉晴需要原始单据，我就把已经复印好的宝迪公司的单据往复印机上一放就好了，要不然，还得跑到档案库，去拿已经装订好的凭证，一页一页地复印，还不累死我。

收拾好办公桌，回家。

路上，婉晴不断电话催促。

“小艾，好了没？”

“晚上就来我家吃饭吧。”

“我在家等你！”

“我让我妈给你准备了丰盛的晚餐。”

“不见不散哈。”

“快点，快点，别让我跟着你饿肚子。”

“还有，我妈说，她好久不见你，也想你了……”

这嘴甜得……我昨儿还在小区看见她妈在跳广场舞呢。

第2章

会计学习专用账本

我是一个月前搬到这个叫做落阳皇都的高档小区的。

所谓高档，就是指里面住的都是些高素质的人。

所谓高素质，无非就是指那些高学历、高收入人群。

只是我除外。

那时楚帆一天到晚怂恿我搬家，让我搬到这来，说这个小区虽然有点小贵，但是漂亮、安全，上班还近（当然更重要的是离他近），而且婉晴也在旁边，可以相互照应。

还说什么“君子居必择乡，游必就士，所以防邪辟而近中正也”。大意是说，一个君子居住必定要选择一个好环境，交友必定要结交品行端正而志趣高雅之人，以防受到不良的影响。

我嬉笑着反驳道：“我不是君子，只是一女子。”

“女子更要居必择邻，交必良友”，他一本正经地说道。

“难道你觉得我这的邻居都不是良友？”我反问他。

“有点。”

“有点？我怎么没感觉到？”

“那是因为与恶人居，如入鲍鱼之肆，久而不闻其臭。”楚帆调侃道。

“去你的，你才臭了。”

“房子替你找好了，别犹豫了。房租不用担心，我可以替你负担一部分。”

“得，我自己来。”

于是，我就搬到了这，房租当然自己付，我可不会为了点房租，就把自己给卖了。

说实话，这个地方还真是不错。清晨看旭日，傍晚赏落阳，甚美！

只是月底交房租的时候心会疼一下。

不过，有压力才有动力，就像你走进商场，看着琳琅满目的商品，你就会

暗暗发誓，一定要努力奋斗，然后有一天，指着那货架上的品牌衣服、包包，对着服务员说，这个每样给我来一件，大气！

落阳小道，晚风拂面，余晖点点，让人忍不住放慢脚步，耳朵里的MP3正播放着音乐。

春天的花开秋天的风以及冬天的落阳，
忧郁的青春年少的我曾经无知地这么想，
风车在四季轮回的歌里它天天地流转，
风花雪月的诗句里我在年年地成长，
流水它带走光阴的故事改变了一个人，
就在那多愁善感而初次等待的青春，
……

突然，一辆自行车飞奔过来，我来不及躲闪，手里的资料散了一地。

“对不起，对不起。”

一个女郎跳下自行车，嘴里一边跟我道歉，一边蹲在地上把我的资料捡起来。

“没关系。”我答道。

她抬起头，冲我一笑，金色的斜阳衬托起她的面孔，好美。

我见过美女，但是她跟其他的美女有那么一点不同，她身上有股特别的气质。

我们刚把资料捡完，婉晴又来电催促了。

“小艾，你到哪了？”

“你到底到了没有啊？”

“你今天怎么那么磨蹭？”

“你不要回你家了，直接来我家哈。”

……

我挂断电话，直接朝婉晴家走去，婉晴住1期3栋，而我住3期26栋，婉晴家是买的复式豪宅，而我是租的一室一厅。

一进屋，我就把婉晴要的会计单据给她。

“太棒了，小艾。”婉晴一边翻着单据，一边说道。

“小艾，你来看，我买的账本，怎么样？”

婉晴指着一堆账本跟我说。

我一看，有总账、库存现金日记账、银行存款日记账、三栏式明细账、七栏式明细账、进销存明细账、固定资产明细账、低值易耗品明细账、生产成本明细账、收入明细账等，堆在那里足足有一尺高。

“小艾，你帮我看一下，还缺什么不？”

“买了这么多，还能缺什么啊？”

“我记得以前学习的时候我们还有什么备查簿，横线登记式账簿，活页式账簿，序时账簿。”

“那是按不同的标准来分的（如图2.1所示），比如按用途分类，可以分为序时账簿、分类账簿、备查账簿；按账页格式分类，可以分为两栏式账簿、三栏式账簿、多栏式账簿等；按外形特征分类，可以分为订本式账簿、活页式账簿、卡片式账簿。”

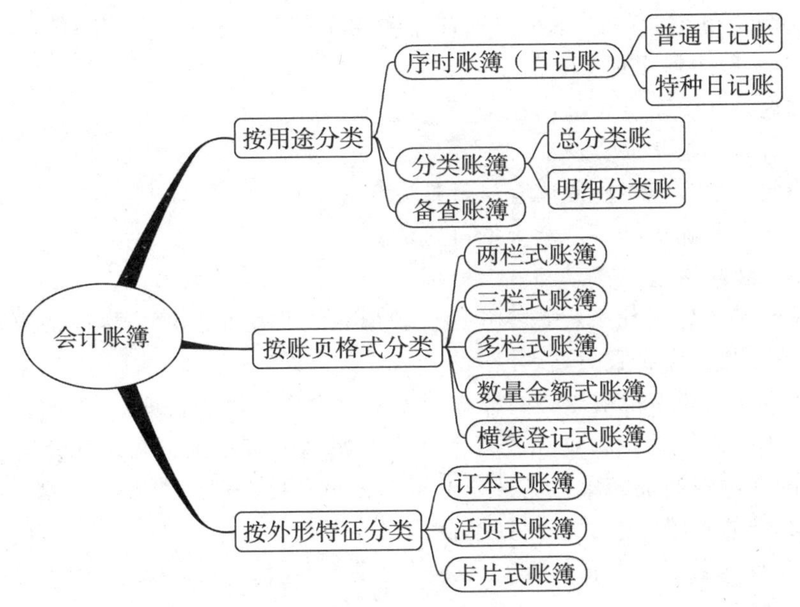

图2.1　账簿分类

“这些破账本彻底把我搞晕了。”

“其实你不用搞那么复杂，又不是考试，无论企业规模大小，无论会计水平高低，会计信息流的加工都来自于4本账的汇集，即总分类账、明细分类账、库存现金日记账和银行存款日记账。总分类账，简称为总账，一般企业只设一本总分类账，外形使用订本式账簿。只要是企业，都存在货币资金的核算问题，库存现金日记账和银行存款日记账是必设的，外形也是订本式账簿。最后就是明细分类账，明细分类账简称为明细账，是分别用来登记每一类经济业务明细的账簿，一般根据明细科目设置，外形采用活页式账簿，然后根据科目的性质，采用不同的账页格式，比如存货可以采用进销存明细账，也就是数量金额式账簿，收入费用成本类可以采用多栏式账簿，债权债务则采用三栏式账簿……”

“牛，你真不是一般的牛，这些账本在你嘴里简直是如数家珍！”婉晴竖起

大拇指。

“切，你今天才发现啊！”

“小艾，我发现你现在脸皮也厚了，恭维你一下，你不但不脸红，还蹬鼻子上脸啊！”

“什么蹬鼻子上脸，我是名副其实。”

“那小艾美女，请教一个问题，为什么不同的科目采用的明细账格式不一样？”

“这个是由企业的经济业务管理需要决定的，为什么这些格式这么设置，需要你在实践中慢慢体会。”

“你这是什么态度，高高在上？”

“没有，我是实话实说。”

“一句‘在实践中慢慢体会’就打发我了？”

“有些东西确实是只可意会不可言传。”

“装，装高深是吧？”

“我说实话你为什么就是不相信呢？看来，你也很喜欢装扮得很漂亮的谎言，却不喜欢没穿衣服的真理。”

“什么喜欢装扮得很漂亮的谎言，不喜欢没穿衣服的真理？”

“很久很久以前，真理和谎言本是一对姐妹。有一天，真理和谎言一起来到河边洗澡。她们洗完澡，谎言先上了岸，她发现真理的衣服非常漂亮，就偷偷地将真理的衣服穿上了，并且把自己的衣服藏了起来。等真理上岸后，发现自己的衣服不见了。没有衣服怎么办呢？没有办法。所以从此以后，真理就干脆不穿衣服了。”

“牛，人都说，我婉晴能说会道，瞎扯淡天下第一，其实，跟你小艾比，差远了，好吧，我以后自己慢慢体会。”

“小艾，我跟你说，今天我跑到会计用品店里，跟那店员说，你店里所有的账本每样都给我来一本。她先是满脸疑惑，警惕地看着我，还以为我是来抢劫的。接着又立马笑容满面，那神情……啧啧啧。”

“大气，你把人吓着了！”我竖起大拇指。

“大气什么呀？我只是想买全，什么样的账本都能见识一下。”

“你买这么多账本，得花多少钱？”

“300多块钱。”

“真是有钱人。”

“什么意思？难道我买亏了？她坑我了？”

“那倒没有，只是觉得没有必要，你要学习，可以买那种会计学习专用账本，里面账本齐全，而且很便宜，不到100元，就一本厚书的价格。”

“怎么那么便宜？”

“因为它的每本账都很薄啊，不像你买的这么厚。再说，小企业的经济业务不多，更何况你还只是练习，顶多也就一两个月的账，根本不用买这么厚的。你看你这固定资产明细账，我怀疑，在我们公司得用10年。”

“你怎么不早说？害我这么铺张浪费。”

“你又没问我，买这些账本浪费是浪费了点，不过，比起你那些裙子、包包、化妆品，就不算什么了。”

关注小艾上班记微信公众号（xiaoaicoco），回复数字703，查看。

你买过账本吗？你见过各种各样的账本格式吗？若还没有，则请微信扫一扫查看彩页真图。

“那倒是。”

“你买了七栏式账本，怎么还买十三栏式账本？”

“不可以吗？”

“七栏式和十三栏式账本一般都是用来登记费用的，有点重复。”

“既然重复，那干吗还印刷两种？”

“有的企业费用明细多，有的企业费用明细少，可以选择。”

“这些破账本，早知道直接让你帮我买好了。”

“是呀，你给我300元，我给你买一本会计学习专用账本，剩下的咱俩还可以出去吃一顿。”

饭厅里，阿姨早已备好了饭菜。

“婉晴，快点叫小艾一起来吃饭。”

“好，就来，就来。”

刚坐下，婉晴又叫了起来。

“你给我的这些单据全吗？”

“一个月的，全。”

“那这张采购增值税专用发票怎么没抵扣联啊？”

“看在后面没？应该是顺序乱了吧。”

“没有，我都从第一页翻到最后一页了。”

“难道是刚才被人撞了一下，不小心掉了？”

“你刚才撞车啦？没事吧你？”

“没事，只是辆自行车。”

“被谁撞了？”

“不认识，一个美女。”

“美女啊，怎么不是帅哥？”

“你就天天想着帅哥。不过，那美女挺漂亮的。”

“有多漂亮？比你还漂亮？”

“比我漂亮100倍。”

“何方妖孽，胆敢比你还漂亮100倍。”

“你家附近的妖孽。”

“不会吧？我家附近还有这么漂亮的小妖精，我怎么没见过。”

“我在来你家的路上碰到的，她骑着一辆自行车，扎着一个马尾巴，穿着白毛衣，身材超好。”

“她是不是穿着一条Dsquare的牛仔裤？”婉晴妈突然问道。

“她是穿着一条牛仔裤，但是什么牌子的我不知道。”

“那牛仔裤是紧身的对吧？”

“是紧身的，把那身材衬托得超好！”

“妈，你认识她？”婉晴问道。

“那女人。”

“……一整个夏天都穿着露背吊带衫，到了秋天，本来以为可以天下太平，谁知她又穿起紧身毛衣，而且还不用胸罩，真恐怖。还有，她身上那条牛仔裤，价值4 950元，而且还是打了8折的价格。”

“你去环保局告她吧，说她污染空气，轰她走。”婉晴爸没好气地说。

“去你的。”婉晴妈笑骂道。

“只怕到时候，没了谈资，你们这些奶奶、太太又无聊得很了。”

“天下乌鸦一般黑，天下男人都一个样。”

婉晴妈白了他一眼，很生气。

“爸，你也认识她？”婉晴问道。

“有你什么事，吃你的饭。”

“噢！”

第3章

自学财务软件

哈佛有一个著名的理论：人的差别在于业余时间，而一个人的命运决定于晚上8点到10点之间。

职场是个靠实力说话的地方，如果不想被淘汰，就必须想办法持续提升自己的能力，要学会如何做事，如何搞定客户，如何与同事相处，如何拍领导马屁，如何教导下属……这些能力固然可以在工作中获得提升，但若想快人一步，还得学会如何充分利用业余时间进行自我提升。

晚上8点到10点是一天中真正“不被打扰的时间”。这段时间可以拿来做任何想做的事，比如学习、兼职、锻炼身体等。自我提升实际上是个很“自我”的事情，每个人的定义都不同，这个没有好坏对错之分，只有特点的不同。结合自己的实际情况，分析一下工作和生活方面现存的问题，展望一下未来的发展方向，就能知道自己最近大概需要提升什么了。杜老师说，主要有以下几个方面需要考虑：

1. 健康：这是人在年轻的时候最容易忽视但实际上却是最重要的一件事，君不见无数中年大叔捶胸顿足就是在懊悔这件事。若有人不服，我只问一句：“你病得起吗?”

2. 当前岗位所需的技能：忘记远处的模糊，做自己手边清楚的事，先把眼前的事情做好永远是最重要的。财务人员就去学习做账，销售人员就去学习沟通，项目经理就去学习项目管理。

3. 升职所需的技能：如果不知道升职需要哪些技能，那就观察一下你的顶头上司都会些什么。如果你觉得他什么都不懂，那就继续好好观察。

4. 为未来发展所储备的技能：早一天打算，便多一分轻松，为未来多做一些累积，等待厚积薄发的那一天吧。比如，如果希望未来能够创业，那么就需要了解和练习管理、人力、财务、沟通、行业等方面的知识和技能，这些准备当然越早开始越好。

5.无论何时何地都用得到的基本能力：这些技能出色了，不管到哪里，无论做什么，都不会太差。比如沟通、办公软件、思维模式、逻辑、学习能力等。

6.个人兴趣：兴趣是最好的老师。

如何提升？很简单，就是6个字：多学、多做、多想。

我思索了一下，我现在最需要做的事情就是锻炼身体和学习财务软件，前者是因为我确实病不起；后者是因为，我一直都在做手工账，很少接触财务软件账，而很多公司在招聘财务人员的时候都要求会财务软件。因此我的计划是，早上早点起床跑步上班锻炼身体，晚上早点回家自学财务软件。

我突然有点感谢楚帆替我找的这处房子了，虽然贵了点，但是却替我节约了很多时间。不然的话，白天工作已经很累了，下班再挤一两个小时的车，到家就完全没有精力做其他的事情了。吃饭问题我基本上就用快餐解决了，我又没结婚，烹饪不是我目前计划要提升的能力。挑上一个上菜快一点的、卫生有保证的餐厅，半小时搞定，稍微贵点也不那么在乎。

一个人对时间的态度直接影响他对金钱的态度，因为在日常生活中，要么花钱买时间，要么拿时间换金钱。在我个人看来，钱没有了还可以再赚，时间没有了就真的没有了，所以尽管我很穷，但是却舍得。比如我不会像别人一样花大量的时间去寻找一部电子书，好不容易找到了，最后竟然发现内容不全，或者错别字满天飞，我一般都是直接在网上下单，一分钟搞定，不过一顿快餐钱而已；我也不会跟朋友有一搭没一搭地聊微信，一般都是直接打个电话，嘘寒问暖一次搞定，既亲切又省事。

自我提升本质上是一种投资行为，成本就是“买到的时间+购买时间所花费的金钱+提升自己所付出的努力”，回报就是未来从工作中获得的收益。

在婉晴家吃完饭，我就早早告辞了，回到家里我就开始练习财务软件。首先理清一下思路，比较一下手工账、Excel账、财务软件账的流程（见表3.1）。

表3.1　**手工账、Excel账、财务软件账的流程对比**

手工账	Excel账	财务软件账
1.填制记账凭证	1.输入记账凭证	1.输入记账凭证
2.逐笔登记各种日记账、明细账	2.直接复制粘贴到日记账、明细账	2.后台自动处理
3.用“丁”字账户，汇总记账凭证各科目，得出科目汇总表	3.用数据透视分析或者用汇总函数汇总各科目	3.后台自动处理
4.汇总后逐个登记科目总账	4.复制粘贴，或者用函数	4.后台自动处理
5.根据相关总账、明细账填制报表	5.设定公式，填制报表	5.后台自动处理，有时会根据需要调整一下公式

手工账需要大量的练习，每做一遍，你都会发现你的感觉是不一样的。

对于Excel账，不同的人有不同的做法，这取决于个人Excel水平的高低，高手会直接在Excel的基础上搞个财务软件出来，“低手”就知道复制粘贴，我见过最差劲的就是连Excel保存都不会。如果是这种情况，那就需要从Excel入门学起。

财务软件有简单的，也有复杂的，企业要根据自己的需求来选择财务软件。如果你需要其他管理，如采购管理、销售管理、应收管理、应付管理等，你可以买很多模块，甚至可以买下所有的模块，有的大企业买下所有的模块还不够，还会自己开发一些模块。但是，对于有些小企业来说，不需要那么精细化的管理，只是做个账，出个财务报表，那其实只要一个总账模块就可以了。如果你买了很多，那么出财务报表，包括日常的流程管理，都会变得复杂，如果那些复杂的流程并不是你想要的，到时候就只能作茧自缚，花钱买罪受，所以选择财务软件一定要选适合自己企业的。

说起来容易，但是做起来难，就像有人学习射击步枪，当你在学习的时候，教官告诉你如果三点成一条直线就代表瞄准了。但是怎样才能做到三点成一条直线呢？这需要练习，要练习打靶，通过打靶练习怎样做到三点成一条直线。

财务软件也一样，需要自己去操作，操作得多了，自然就熟悉了。熟悉了一款财务软件，再学习其他财务软件就容易了，熟悉了多款财务软件，你就会获得一种能力，那就是任何财务软件，不管是你用过的，还是没用过的，你都不怕了。

我决定先选择一款相对简单的财务软件，把重庆宝迪电子有限公司（以下简称“宝迪公司”）的账用软件做一遍。

我选择的是一款在线财务软件，不需要自己安装，直接点击链接，输入账号密码，就可以进去，然后新建一个账套。

用微信扫描下面的二维码，查看财务软件的入口链接及方法。

关注小艾上班记微信公众号（xiaoaicoco），回复数字704，查看。

使用在线财务软件创建账套的过程如图3.1所示。

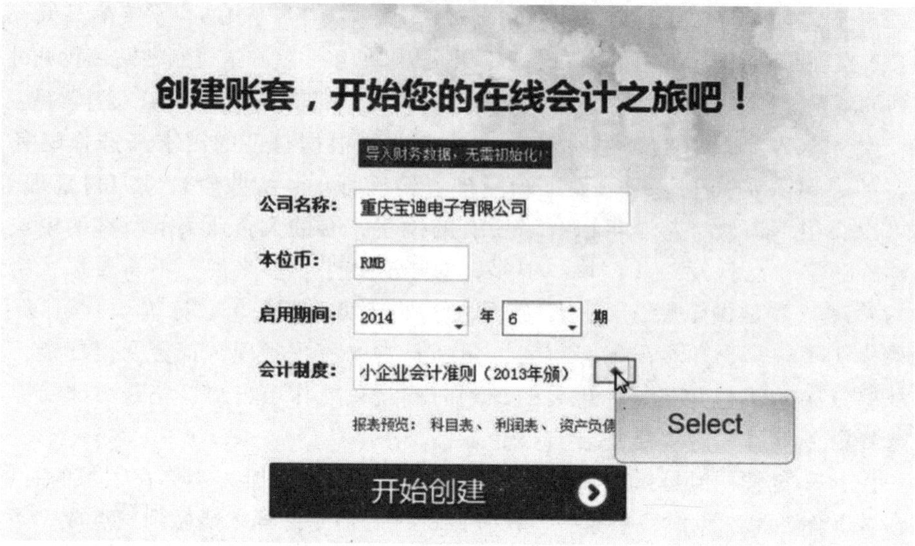

图3.1 创建账套(2014年第6期)

创建完成之后，系统自动进入账套（如图3.2所示)。

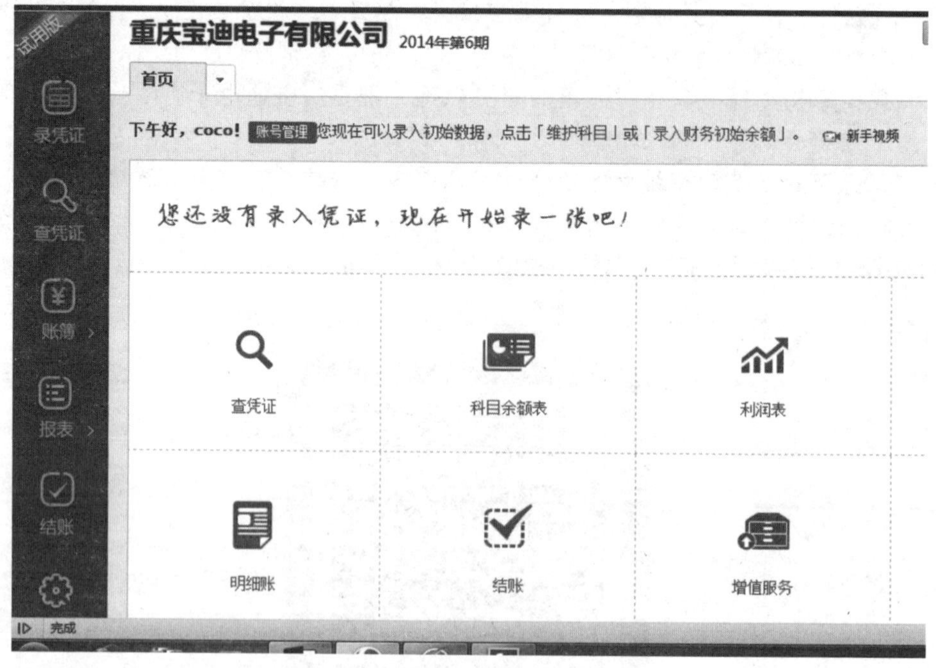

图3.2 进入账套(2014年第6期)

宝迪公司2014年6月的期初科目余额表见表3.2。

表3.2　　　　　　　　　　　**期初科目余额表**

编制单位：宝迪公司　　　　　　2014年6月　　　　　　　　单位：元

科目名称	方向	期初余额
库存现金	借	22 669.80
银行存款	借	6 099 876.26
其他货币资金——银行承兑汇票保证金	借	1 000 000.00
应收票据	借	2 000 000.00
应收账款	借	149 400.00
预付账款	借	170 000.00
坏账准备	贷	7 470.00
原材料	借	2 900 000.00
库存商品	借	3 900 000.00
固定资产	借	1 260 000.00
累计折旧	贷	217 246.53
无形资产	借	600 000.00
累计摊销	贷	55 000.00
短期借款	贷	800 000.00
应付票据	贷	2 000 000.00
应付账款	贷	500 000.00
预收账款	贷	1 000 000.00
应交税费——应交城市维护建设税	贷	2 076.89
——应交个人所得税	贷	6 000.00
——未交增值税	贷	29 669.87
——应交教育费附加	贷	890.10
——应交地方教育费附加	贷	593.40
实收资本		
盈余公积——法定盈余公积		
利润分配——未分配利润		

注：为了节省空间，期初无余额的会计科目被省略，
实际工作中，此表格要按全部常用会计科目设置，并设置
作为模板，这样可以大大减少工作量，提高工作效率。

宝迪公司2014年6月往来账款主要明细表见表

表 3.3　　**往来账款主要明细表**　　单位：元

会计科目	客户/供应商名称	期初账面余额
应收账款	北京迪康医疗设备有限公司	100 000.00
应收账款	重庆健心医疗设备有限公司	37 400.00
应收账款	北京康福医疗设备有限公司	12 000.00
预收账款	常州静安医疗设备有限公司	1 000 000.00
应付账款	深圳蓝莓电子设计研发中心	500 000.00
预付账款	深圳中天电子设计研究院	170 000.00

宝迪公司2014年6月原材料明细表见表3.4。

表 3.4　　**原材料明细表**

原材料名称	数量	单位	单价（元）	金额（元）
主控单元件	15 000	个	100.00	1 500 000.00
钛合金	8 000	毫克	100.00	800 000.00
无线通信单元件	3 000	个	200.00	600 000.00
合计				2 900 000.00

宝迪公司2014年6月库存商品明细表见表3.5。

表 3.5　　**库存商品明细表**

库存商品名称	数量（个）	单价（元）	金额（元）
可充电迷走神经刺激器	2 000	1 200.00	2 400 000.00
不可充电迷走神经刺激器	1 500	1 000.00	1 500 000.00
合计			3 900 000.00

点击“录入财务初始余额”（如图3.3所示）。

图 3.3　点击“录入财务初始余额”

需要录入的财务初始余额数据如图3.4所示。

财务初始余额 ×

资产 负债 权益 成本 损益

目编码	科目名称	方向	期初余额	本年累计借方	本年累计贷方	年初余额
	库存现金	借				
	银行存款	借				
	其他货币资金	借				
	短期投资	借				
	股票	借				
	债券	借				
	基金	借				
	其他	借				
	应收票据	借				
	应收账款	借				

图3.4 需要录入的财务初始余额数据

正当我想一个一个地把数据录入系统的时候，我突然发现界面右侧有导入和导出功能（如图3.5所示）。

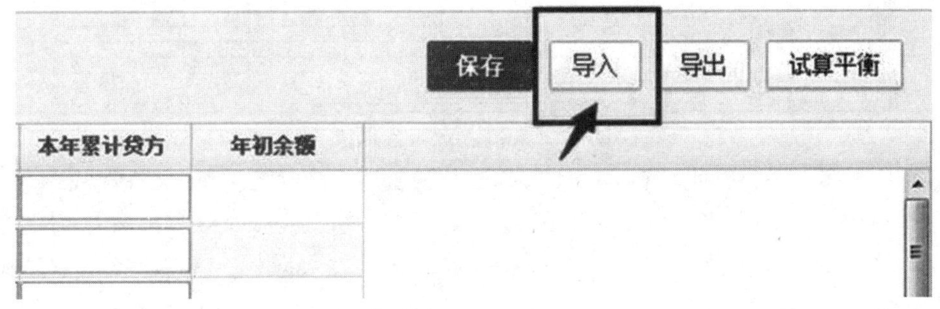

图3.5 导入、导出功能

于是我开始尝试导入初始数据。

点击“导入”后，系统提示我下载财务初始余额模板（如图3.6所示）。

财务初始余额模板如图3.7所示。

下载了模板后，按照正常的思维就是把期初的相关数据一个一个地输入进去。

我觉得这样做太麻烦，与其将数据一个一个地输入Excel表，然后再导入系统里，那还不如直接一个一个地输入系统了。

那么，怎样才能简单、省事地把那些期初余额数据录入这个Excel表格中呢？

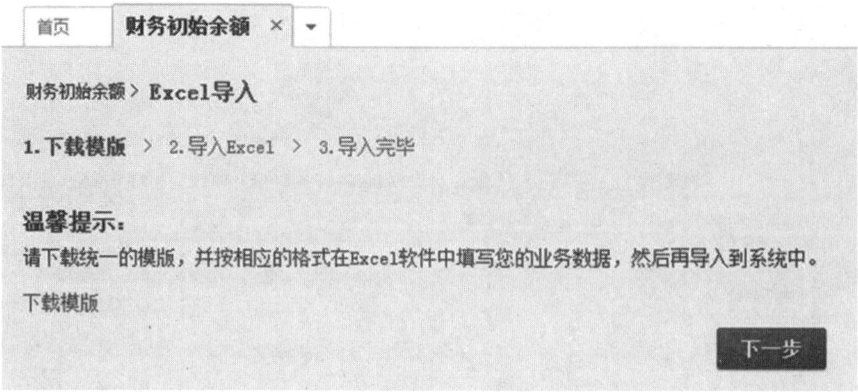

首页 | 财务初始余额 ×

财务初始余额 > Excel导入

1.下载模版 > 2.导入Excel > 3.导入完毕

温馨提示：

请下载统一的模版，并按相应的格式在Excel软件中填写您的业务数据，然后再导入到系统中。

下载模版

下一步

图 3.6　系统信息提示——下载模板

科目编码	科目名称	明细科目	是否核算	借贷	期初余额	本年累计借方	本年累计贷方	本年累计损益
					本位币	本位币	本位币	本位币
1001	库存现金	是	否	借				
1002	银行存款	是	否	借				
1012	其他货币资金	是	否	借				
110101	股票	是	否	借				
110102	债券	是	否	借				
110103	基金	是	否	借				
110110	其他	是	否	借				
1121	应收票据	是	否	借				
1122	应收账款	是	否	借				
1123	预付账款	是	否	借				
1131	应收股利	是	否	借				
1132	应收利息	是	否	借				
1221	其他应收款	是	否	借				
1401	材料采购	是	否	借				
1402	在途物资	是	否	借				
1403	原材料	是	否	借				
1404	材料成本差异	是	否	借				
1405	库存商品	是	否	借				
1407	商品进销差价	是	否	借				
1408	委托加工物资	是	否	借				
1411	周转材料	是	否	借				
1421	消耗性生物资产	是	否	借				

图 3.7　财务初始余额模板

这时我突然想到了VLOOKUP函数。它是Excel中的一个纵向查找函数，它与LOOKUP函数和HLOOKUP函数属于一类函数。VLOOKUP函数是按列查找，最终返回该列所需查询列序所对应的值；与之对应的HLOOKUP函数是按行查找的。

该函数的语法规则如下：

VLOOKUP（lookup_value，table_array，col_index_num，range_lookup）

VLOOKUP函数中的各个参数及其简单说明、输入数据类型见表3.6。

表3.6　VLOOKUP函数中的各个参数及其简单说明、输入数据类型表

参数	简单说明	输入数据类型
lookup_value	要查找的值	数值、引用或文本字符串
table_array	要查找的区域	数据表区域
col_index_num	返回数据在查找区域的第几列数	正整数
range_lookup	模糊匹配	TRUE（或不填）/FALSE

lookup_value为需要在数据表第一列中进行查找的数值。lookup_value可以为数值、引用或文本字符串。table_array为需要在其中查找数据的数据表，可以使用对区域或区域名称的引用。col_index_num为table_array中查找数据的数据列序号。当col_index_num为1时，返回table_array第一列的数值；当col_index_num为2时，返回table_array第二列的数值，以此类推。如果col_index_num小于1，VLOOKUP函数返回错误值#VALUE!；如果col_index_num大于table_array的列数，VLOOKUP函数返回错误值#REF!。range_lookup为一个逻辑值，表明VLOOKUP函数在查找时是精确匹配还是近似匹配。如果range_lookup为FALSE或0，则返回精确匹配；如果找不到，则返回错误值#N/A。如果range_lookup为TRUE或1，VLOOKUP函数将查找近似匹配值，也就是说，如果找不到精确匹配值，则返回小于lookup_value的最大数值。

图3.8所示的是VLOOKUP函数的应用，我们要在A2：F12区域中提取工号为100003、100004、100005、100007、100010共5人的全年总计销量，并对应地输入到I4：I8区域中。

	A	B	C	D	E	F	G	H	I	J
1			年度销量报表							
2	工号	第一季度	第二季度	第三季度	第四季度	全年总计				
3	100001	91	91	68	87	337		工号	全年总计	
4	100002	59	78	69	80	286		100003		
5	100003	71	88	89	70	318		100004		
6	100004	91	60	66	89	306		100005		
7	100005	84	89	86	57	316		100007		
8	100006	86	83	67	63	299		100010		
9	100007	77	90	67	73	307				
10	100008	79	88	74	70	311				
11	100009	74	68	69	74	285				
12	100010	69	89	84	62	304				
13										

图3.8　VLOOKUP函数的应用

一个一个地手动查找在数据量大的时候十分繁琐，因此这里可以使用VLOOKUP函数。

首先，在I4单元格中输入“=VLOOKUP（”，此时Excel就会提示4个参数：

第一个参数：显然，我们要让100003对应的是H4，这里就输入“H4,”；

第二个参数：这里输入我们要查找的区域（绝对引用），即输入“$A$2：$F$12,”；

第三个参数：“全年总计”是区域的第6列，所以这里输入“6”，如果输入“5”就会返回第四季度的销量数据了；

第四个参数：因为我们要精确查找工号，所以输入“FALSE”或者“0”。

然后，补全最后的右括号“）”，得到公式“=VLOOKUP（H4，$A$2：$F

$12，6，0）”，使用填充功能填充其他单元格即可完成查找操作。

VLOOKUP函数的演示结果如图3.9所示。

I4 =VLOOKUP(H4,$A$2:$F$12,6,0)

	A	B	C	D	E	F	G	H	I
1			年度销量报表						
2	工号	第一季度	第二季度	第三季度	第四季度	全年总计			
3	100001	91	91	68	87	337		工号	全年总计
4	100002	59	78	69	80	286		100003	318
5	100003	71	88	89	70	318		100004	306
6	100004	91	60	66	89	306		100005	316
7	100005	84	89	86	57	316		100007	307
8	100006	86	83	67	63	299		100010	304
9	100007	77	90	67	73	307			
10	100008	79	88	74	70	311			
11	100009	74	68	69	74	285			
12	100010	69	89	84	62	304			

图3.9 VLOOKUP函数的演示结果

正当我想用VLOOKUP函数把期初余额相关数据搬到财务初始余额模板中的时候，我又发现模板中好像缺少一些科目，比如我的期初科目余额表中包含“其他货币资金——银行承兑汇票保证金”科目，而所下载的财务初始余额模板里却没有。接着我又仔细观察了财务初始余额模板的相关栏目，发现系统导出的科目都是明细科目（如图3.10所示）。

科目编码	科目名称	明细科目
1001	库存现金	是
1002	银行存款	是
1012	其他货币资金	是
110101	股票	是
110102	债券	是
110103	基金	是
110110	其他	是
1121	应收票据	是
1122	应收账款	是
1123	预付账款	是
1131	应收股利	是
1132	应收利息	是
1221	其他应收款	是

图3.10 财务初始余额模板(截取)

因此，我就想到先看看在我的期初余额数据中哪些科目是财务初始余额模板中没有的，然后针对模板中没有的科目，直接添加相关明细科目。

但是，我不想一个一个地去核对这些科目，我觉得还是可以利用VLOOKUP函数。

我的期初余额数据包括4张表，分别为期初科目余额表、往来账款主要明细表、原材料明细表、库存商品明细表（如图3.11所示）。

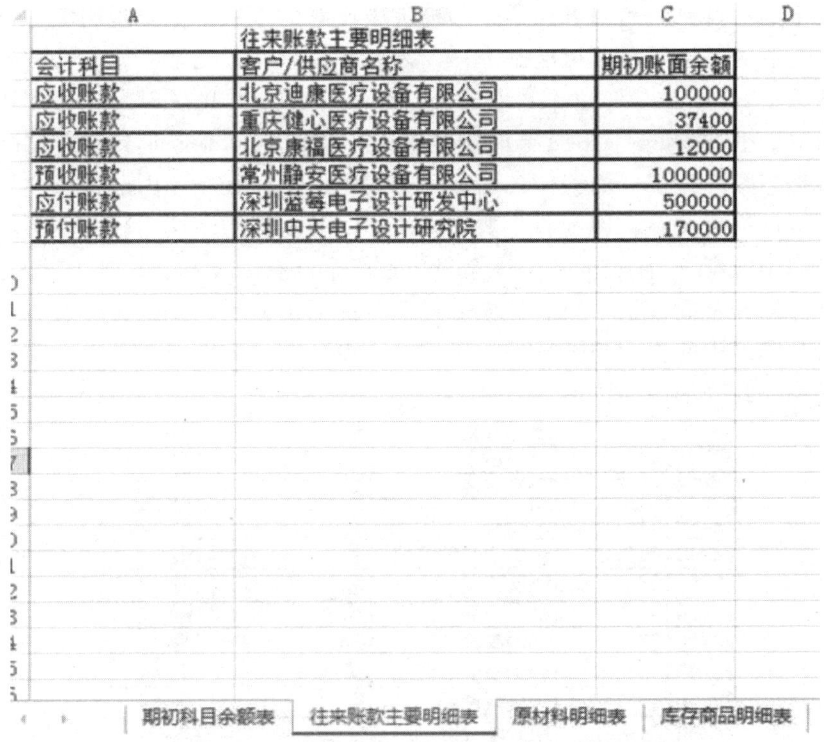

往来账款主要明细表		
会计科目	客户/供应商名称	期初账面余额
应收账款	北京迪康医疗设备有限公司	100000
应收账款	重庆健心医疗设备有限公司	37400
应收账款	北京康福医疗设备有限公司	12000
预收账款	常州静安医疗设备有限公司	1000000
应付账款	深圳蓝莓电子设计研发中心	500000
预付账款	深圳中天电子设计研究院	170000

期初科目余额表　往来账款主要明细表　原材料明细表　库存商品明细表

图 3.11　期初余额数据——往来账款主要明细表

期初科目余额表中的科目多些，我用VLOOKUP函数来查找，查找结果如图3.12所示。

=VLOOKUP(B4,[20141009091248财务初始余额模版.xls]财务初始余额模版_RMB!$B$3:$B$167,1,0)

期初科目余额表			
编制单位：重庆宝迪电子有限公司		20xx年6月	
科目名称	方向	期初余额	
库存现金	借	22 669.80	库存现金
银行存款	借	6 099 876.26	银行存款
其他货币资金——银行承兑汇票保证金	借	1 000 000.00	#N/A
应收票据	借	2 000 000.00	应收票据
应收账款	借	149 400.00	应收账款
预付账款	借	170 000.00	预付账款
坏账准备	贷	7 470.00	#N/A
原材料	借	2 900 000.00	原材料
库存商品	借	3 900 000.00	库存商品
固定资产	借	1 260 000.00	固定资产
累计折旧	贷	217 246.53	累计折旧
无形资产	借	600 000.00	无形资产
累计摊销	贷	55 000.00	累计摊销
短期借款	贷	800 000.00	短期借款
应付票据	贷	2 000 000.00	应付票据
应付账款	贷	500 000.00	应付账款
预收账款	贷	1 000 000.00	预收账款
应交税费——应交城市维护建设税	贷	2 076.89	#N/A
——应交个人所得税	贷	6 000.00	#N/A
——未交增值税	贷	29 669.87	#N/A
——应交教育费附加	贷	890.10	#N/A
——应交地方教育费附加	贷	593.40	#N/A

期初科目余额表　往来账款主要明细表　原材料明细表　库存商品明细表

图 3.12　期初科目余额表中的科目查找结果

找不到的科目就是财务初始余额模板中没有的，一般主要是明细科目，因为每个企业的明细科目不可能都一样，因此存在差异很正常。

那么，“坏账准备”这个科目模板中怎么会没有？我想起来了，在新建账套的时候，我选择的是2013年最新小企业会计准则，小企业会计准则已经不要求计提坏账准备了，而我们公司适用的是企业会计准则，因此这个地方有点出入。不过没有关系，因为我主要训练的是财务软件的使用，因此不用纠结选择的是哪个准则，“坏账准备”这个科目模板中没有，那我直接加上就好了。

财务初始余额模板中没有“应交税费”的明细科目，是因为这些科目在期初科目余额表中的格式与模板中的不一样，模板中“应交税费”有关明细科目是直接列出的（如图3.13所示）。

22210101	进项税额	是	否
22210102	已交税金	是	否
22210103	减免税款	是	否
22210104	出口抵减内销产品	是	否
22210105	转出未交增值税	是	否
22210106	销项税额	是	否
22210107	出口退税	是	否
22210108	进项税额转出	是	否
22210109	转出多交增值税	是	否
222102	未交增值税	是	否
222103	应交营业税	是	否
222104	应交消费税	是	否
222105	应交资源税	是	否
222106	应交所得税	是	否
222107	应交土地增值税	是	否
222108	应交城市维护建设	是	否
222109	应交房产税	是	否
222110	应交土地使用税	是	否
222111	应交车船使用税	是	否
222112	应交个人所得税	是	否

图3.13　财务初始余额模板中的应交税费明细科目

于是，我对期初科目余额表进行调整，调整结果如图3.14所示。

	预收账款	贷	1 000 000.00	预收账款
应交税费—	应交城市维护建设税	贷	2 076.89	应交城市维护建设税
—	应交个人所得税	贷	6 000.00	应交个人所得税
—	未交增值税	贷	29 669.87	未交增值税
—	应交教育费附加	贷	890.10	应交教育费附加
—	应交地方教育费附加	贷	593.40	#N/A
	实收资本	贷	12 000 000.00	实收资本
盈余公积—	法定盈余公积	贷	185 903.66	法定盈余公积
利润分配—	未分配利润	贷	1 297 095.61	未分配利润

图3.14　期初科目余额表调整结果

经过调整后就会发现，科目名称基本上一致了，除了“应交地方教育费附加”，那么这个明细科目就需要我去添加了。

对于添加科目，我想到的是两个方案：一个方案是直接在财务初始余额模板中添加，然后直接导入，这样做可能出现的风险就是导入失败，毕竟我动了模板，而我又不知道这个软件模板的设计原理是什么，有哪些控制点，毕竟我还是第一次接触这个软件。另一个方案是直接返回到最初的界面，点击“维护科目”（如图3.15所示），然后录入新科目，导出模板，填入数字，最后再导入进去。我感觉第二个方案失败的几率会小一点。

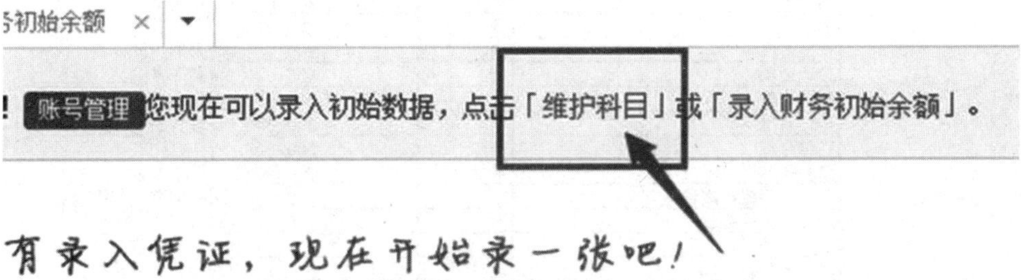

图3.15　点击“维护科目”(一)

我先尝试了第一个方案，把“银行承兑汇票保证金”、“坏账准备”、“应交地方教育费附加”这3个模板中没有的明细科目直接添加到财务初始余额模板中（如图3.16所示）。

科目编码	科目名称	明细科目
1001	库存现金	是
1002	银行存款	是
101201	银行承兑汇票保证金	是
110101	股票	是
110102	债券	是
110103	基金	是
110110	其他	是
1121	应收票据	是
1122	应收账款	是
1123	预付账款	是
1124	坏账准备	是
1131	应收股利	是
1132	应收利息	是
1221	其他应收款	是
1401	材料采购	是
1402	在途物资	是
1403	原材料	是

图3.16　添加明细科目后的财务初始余额模板

在我添加明细科目完毕后，整个期初科目余额表与财务初始余额模板的科目就都对得上了（如图3.17所示）。

B6 fx 银行承兑汇票保证金

	A	B	C	D	E
4		库存现金	借	22 669.80	库存现金
5		银行存款	借	6 099 876.26	银行存款
6	其他货币资金—	银行承兑汇票保证金	借	1 000 000.00	银行承兑汇票保证金
7		应收票据	借	2 000 000.00	应收票据
8		应收账款	借	149 400.00	应收账款
9		预付账款	借	170 000.00	预付账款
10		坏账准备	贷	7 470.00	坏账准备
11		原材料	借	2 900 000.00	原材料
12		库存商品	借	3 900 000.00	库存商品
13		固定资产	借	1 260 000.00	固定资产
14		累计折旧	贷	217 246.53	累计折旧
15		无形资产	借	600 000.00	无形资产
16		累计摊销	贷	55 000.00	累计摊销
17		短期借款	贷	800 000.00	短期借款
18		应付票据	贷	2 000 000.00	应付票据
19		应付账款	贷	500 000.00	应付账款
20		预收账款	贷	1 000 000.00	预收账款
21	应交税费—	应交城市维护建设税	贷	2 076.89	应交城市维护建设税
22	—	应交个人所得税	贷	6 000.00	应交个人所得税
23	—	未交增值税	贷	29 669.87	未交增值税
24	—	应交教育费附加	贷	890.10	应交教育费附加
25	—	应交地方教育费附加	贷	593.40	应交地方教育费附加
26		实收资本	贷	12 000 000.00	实收资本
27	盈余公积—	法定盈余公积	贷	185 903.66	法定盈余公积
28	利润分配—	未分配利润	贷	1 297 095.61	未分配利润

期初科目余额表 | 往来账款主要明细表 | 原材料明细表 | 库存商品明细表

图 3.17　科目核对相符

往来账款主要明细表、原材料明细表、库存商品明细表这3个表所列示的都是明细科目，肯定都需要添加。

首先添加应收账款往来明细科目（如图3.18所示），然后再添加原材料（如图3.19所示）和库存商品明细科目。

科目编码	科目名称	明细科目
1001	库存现金	是
1002	银行存款	是
101201	银行承兑汇票保证金	是
110101	股票	是
110102	债券	是
110103	基金	是
110110	其他	是
1121	应收票据	是
112201	北京迪康医疗设备有限公司	是
112202	重庆健心医疗设备有限公司	是
112203	北京康福医疗设备有限公司	是
1123	预付账款	是
1124	坏账准备	是
1131	应收股利	是
1132	应收利息	是

图 3.18　添加应收账款往来明细科目

0	1402	在途物资	是	否	借
1	140301	主控单元件	是	否	借
2	140302	钛合金	是	否	借
3	140303	无线通信单元件	是	否	借
4	1404	材料成本差异	是	否	借
5	1405	库存商品	是	否	借
6	1407	商品进销差价	是	否	借

图 3.19　添加原材料明细科目

于是，我再用VLOOKUP函数将期初科目余额表中的数字自动填入模板中，其结果如图3.20所示。

F3　=VLOOKUP(B3,[工作簿1.xlsx]期初科目余额表!$B$4:$D$28,3,0)

	A	B	C	D	E	F	G
1	科目编码	科目名称	明细科目	是否核算	借贷	期初余额	本年累计
2						本位币	本位币
3	1001	库存现金	是	否	借	22669.80	
4	1002	银行存款	是	否	借	6099876.26	
5	101201	银行承兑汇票保证金	是	否	借	1000000.00	
6	110101	股票	是	否	借	#N/A	
7	110102	债券	是	否	借	#N/A	
8	110103	基金	是	否	借	#N/A	
9	110110	其他	是	否	借	#N/A	
10	1121	应收票据	是	否	借	2000000.00	
11	112201	北京迪康医疗设备有限公司	是	否	借	#N/A	
12	112202	重庆健心医疗设备有限公司	是	否	借	#N/A	
13	112203	北京康福医疗设备有限公司	是	否	借	#N/A	
14	112301	深圳中天电子设计研究院	是	否	借	#N/A	
15	1124	坏账准备	是	否	借	7470.00	
16	1131	应收股利	是	否	借	#N/A	
17	1132	应收利息	是	否	借	#N/A	
18	1221	其他应收款	是	否	借	#N/A	
19	1401	材料采购	是	否	借	#N/A	
20	1402	在途物资	是	否	借	#N/A	
21	140301	主控单元件	是	否	借	#N/A	
22	140302	钛合金	是	否	借	#N/A	
23	140303	无线通信单元件	是	否	借	#N/A	
24	1404	材料成本差异	是	否	借	#N/A	

图 3.20　用VLOOKUP函数将期初科目余额表中的数字自动填入模板中的结果

再把#N/A选择性清除，其结果如图3.21所示。

A	B	C	D	E	F	G
科目编码	科目名称	明细科目	是否核算	借贷	期初余额	本年累计
					本位币	本位币
1001	库存现金	是	否	借	22669.80	
1002	银行存款	是	否	借	6099876.26	
101201	银行承兑汇票保证金	是	否	借	1000000.00	
110101	股票	是	否	借		
110102	债券	是	否	借		
110103	基金	是	否	借		
110110	其他	是	否	借		
1121	应收票据	是	否	借	2000000.00	
112201	北京迪康医疗设备有限公司	是	否	借		
112202	重庆健心医疗设备有限公司	是	否	借		
112203	北京康福医疗设备有限公司	是	否	借		
112301	深圳中天电子设计研究院	是	否	借		
1124	坏账准备	是	否	借	7470.00	
1131	应收股利	是	否	借		
1132	应收利息	是	否	借		
1221	其他应收款	是	否	借		
1401	材料采购	是	否	借		
1402	在途物资	是	否	借		
140301	主控单元件	是	否	借		
140302	钛合金	是	否	借		
140303	无线通信单元件	是	否	借		
1404	材料成本差异	是	否	借		
140501	可充电迷走神经刺激器	是	否	借		

图 3.21　选择性清除#N/A的结果

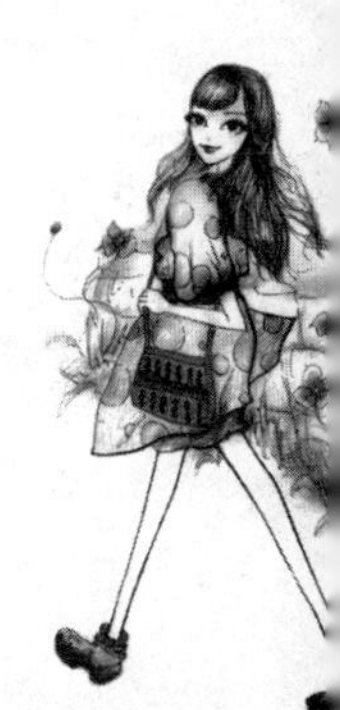

把数据填好后，点击“下一步”进行导入，系统会出现如图3.22所示的界面。

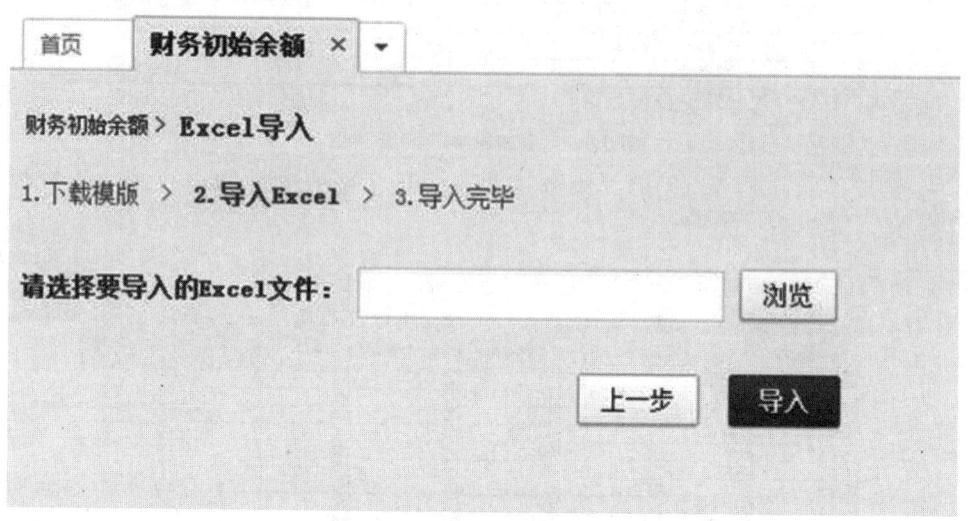

图3.22 财务初始余额导入界面

选择所要导入的初始数据并进行导入（如图3.23所示）。

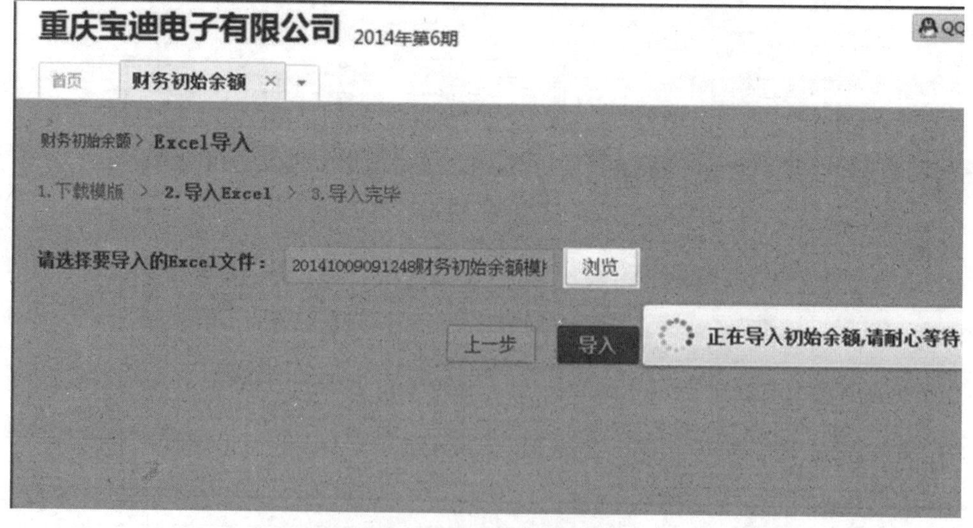

图3.23 导入财务初始余额

系统提示我出错（如图3.24所示），我就知道这个方案有风险。无风险的做法就是返回财务初始余额界面（如图3.25所示），然后一个一个地将数据录入进去。

可是我不甘心，于是我重新检查数据。系统提示信息为“null”，null的意思就是空值。是不是因为文件中有的数据为0，而我没有将“0”填入才导致导入失败呢？为了排除这个问题，我再一次点击“导入”，重新下载一个财务初始余额模板，然后在模板中什么也不填就直接导入数据，看这样能否成功。

重庆宝迪电子有限公司 2014年第6期

首页 | 财务初始余额 ×

财务初始余额 > Excel导入

1. 下载模版 > 2. 导入Excel > 3. 导入完毕

null导入Excel文件出错，请检查模板数据！

返回财务初始余额

图 3.24　系统信息提示——null导入Excel文件出错

重庆宝迪电子有限公司 2014年第6期

首页 | 财务初始余额 ×

类别 资产 负债 权益 成本 损益

科目编码	科目名称	方向	期初余额	本年累计借方	本年累计贷方
1002	银行存款	借			
1012	其他货币资金	借			
1101	短期投资	借			
110101	股票	借			
110102	债券	借			
110103	基金	借			
110110	其他	借			
1121	应收票据	借			
1122	应收账款	借			

图 3.25　财务初始余额界面

结果，竟然成功导入了（如图3.26所示）。

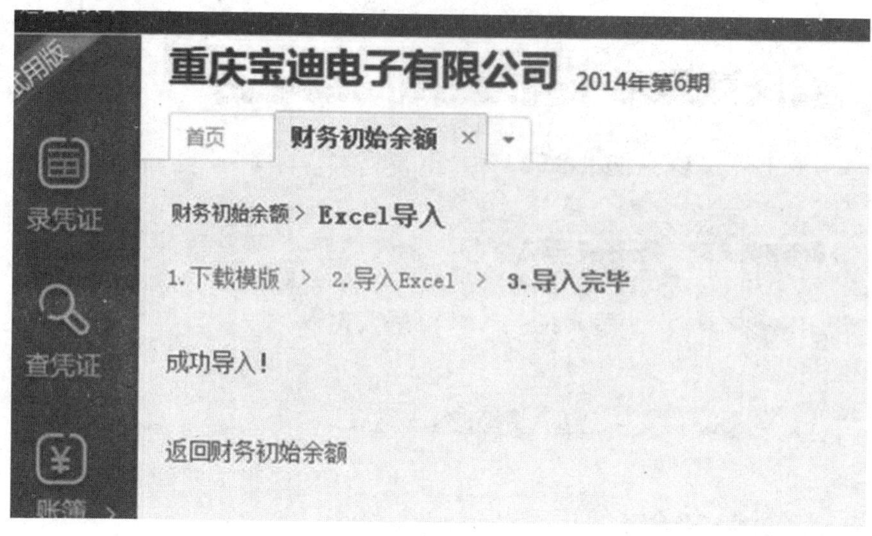

图 3.26　系统信息提示——成功导入

这说明，导入失败不是因为我没有填入数据，而可能是因为我直接添加了科目。

为了验证这个想法，我重新下载了一个模板，不添加科目，只是利用VLOOKUP函数把相关数据填入，没有数据的科目暂时不管，其结果如图3.27所示。

F3　　=VLOOKUP(B3,[工作簿1.xlsx]期初科目余额表!$B$4:$D$28,3,0)

	A	B	C	D	E	F	G	
1	科目编码	科目名称	明细科目	是否核算	借贷	期初余额	本年累计借方	本年累
2						本位币	本位币	本
3	1001	库存现金	是	否	借	22669.80		
4	1002	银行存款	是	否	借	6099876.26		
5	1012	其他货币资金	是	否	借	#N/A		
6	110101	股票	是	否	借	#N/A		
7	110102	债券	是	否	借	#N/A		
8	110103	基金	是	否	借	#N/A		
9	110110	其他	是	否	借	#N/A		
10	1121	应收票据	是	否	借	2000000.00		
11	1122	应收账款	是	否	借	149400.00		
12	1123	预付账款	是	否	借	170000.00		
13	1131	应收股利	是	否	借	#N/A		
14	1132	应收利息	是	否	借	#N/A		
15	1221	其他应收款	是	否	借	#N/A		
16	1401	材料采购	是	否	借	#N/A		
17	1402	在途物资	是	否	借	#N/A		
18	1403	原材料	是	否	借	2900000.00		
19	1404	材料成本差异	是	否	借	#N/A		
20	1405	库存商品	是	否	借	3900000.00		
21	1407	商品进销差价	是	否	借	#N/A		
22	1408	委托加工物资	是	否	借	#N/A		
23	1411	周转材料	是	否	借	#N/A		

图 3.27　财务初始余额模板(已填入数据)

然后，筛选清除#N/A（如图3.28所示）。

继续重新导入（如图3.29所示）。

科目编码	科目名称	明细科目	是否核算	借贷	期初余额	本年累计
					本位币	本位
1001	库存现金	是	否	借	22669.80	
1002	银行存款	是	否	借	6099876.26	
1012	其他货币资金	是	否	借		
110101	股票	是	否	借		
110102	债券	是	否	借		
110103	基金	是	否	借		
110110	其他	是	否	借		
1121	应收票据	是	否	借	2000000.00	
1122	应收账款	是	否	借	149400.00	
1123	预付账款	是	否	借	170000.00	
1131	应收股利	是	否	借		
1132	应收利息	是	否	借		
1221	其他应收款	是	否	借		
1401	材料采购	是	否	借		
1402	在途物资	是	否	借		
1403	原材料	是	否	借	2900000.00	
1404	材料成本差异	是	否	借		
1405	库存商品	是	否	借	3900000.00	
1407	商品进销差价	是	否	借		
1408	委托加工物资	是	否	借		
1411	周转材料	是	否	借		
1421	消耗性生物资产	是	否	借		

图 3.28　财务初始余额模板(筛选清除 #N/A)

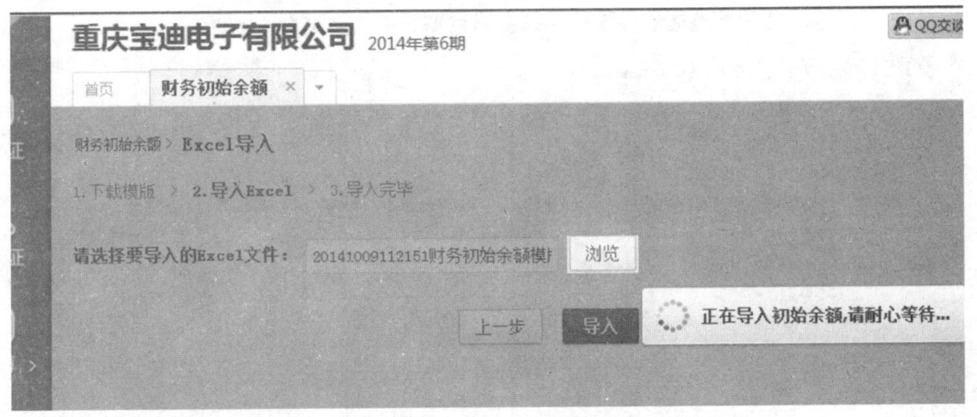

图 3.29　重新导入初始余额

导入完毕后系统的提示信息如图 3.30 所示。

我也不知道数据导入没有，于是我返回财务初始余额界面，发现数据已经导入（如图 3.31 所示）。

系统提示我“损益科目期初余额年初数必须为 0”，于是我直接查看损益类科目的余额（如图 3.32 所示）。

虽然系统提示我损益类科目期初余额、年初数必须为 0，这个地方有点问题，但是我的数据确实导入了。这说明了一个问题：在财务初始余额模板中直接输入数据而不动它的科目，数据是可以导入的；但是如果增加科目就可能出

现空值错误。

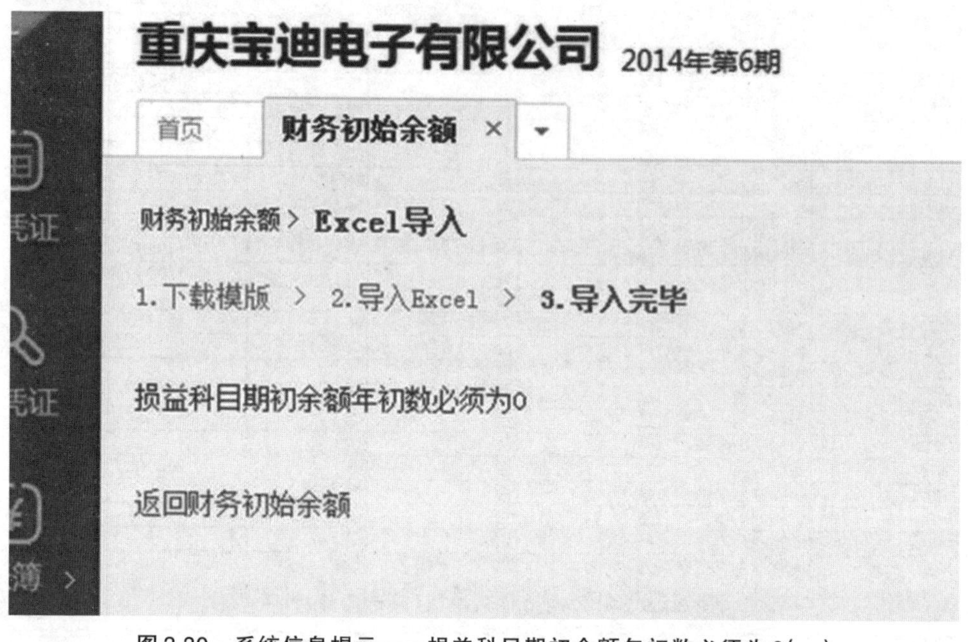

图 3.30 系统信息提示——损益科目期初余额年初数必须为 0(一)

重庆宝迪电子有限公司 2014年第6期

首页 财务初始余额

类别 资产 负债 权益 成本 损益　保存

科目编码	科目名称	方向	期初余额	本年累计借方	本年累计贷方	年初余额
1001	库存现金	借	22 669.80			22 669.80
1002	银行存款	借	6 099 876.26			6 099 876.26
1012	其他货币资金	借				
1101	短期投资	借				
110101	股票	借				
110102	债券	借				
110103	基金	借				
110110	其他	借				
1121	应收票据	借	2 000 000.00			2 000 000.00
1122	应收账款	借	149 400.00			149 400.00

图 3.31 导入数据后的财务初始余额

那么，是不是需要先手工在系统中维护科目，然后导出模板，再填入数字，最后将数据导入呢？这种可能性很大。如果系统是这样控制的话，那就说明直接在模板中添加科目和数字，想要做到一步到位，在技术上很难实现，或者是成本太高，或者是会引发其他的问题。

重庆宝迪电子有限公司 2014年第6期

首页 财务初始余额

类别 资产 负债 权益 成本 损益 保存

科目编码	科目名称	方向	期初余额	本年累计借方	本年累计贷方	年初余额	实际损益发生额
540307	房产税	借					
540308	车船税	借					
540309	印花税	借					
540310	应交教育费附加	借	890.10			890.10	
540311	矿产资源补偿费	借					
540312	排污费	借					
5601	销售费用	借					
560101	办公用品	借					
560102	房租	借					

图3.32 损益类科目余额

既然直接在模板中添加科目会致使数据无法导入，那我就只好先手工维护科目，然后下载模板导入初始余额数据。

点击“维护科目”并对科目进行维护（如图3.33、图3.34所示）。

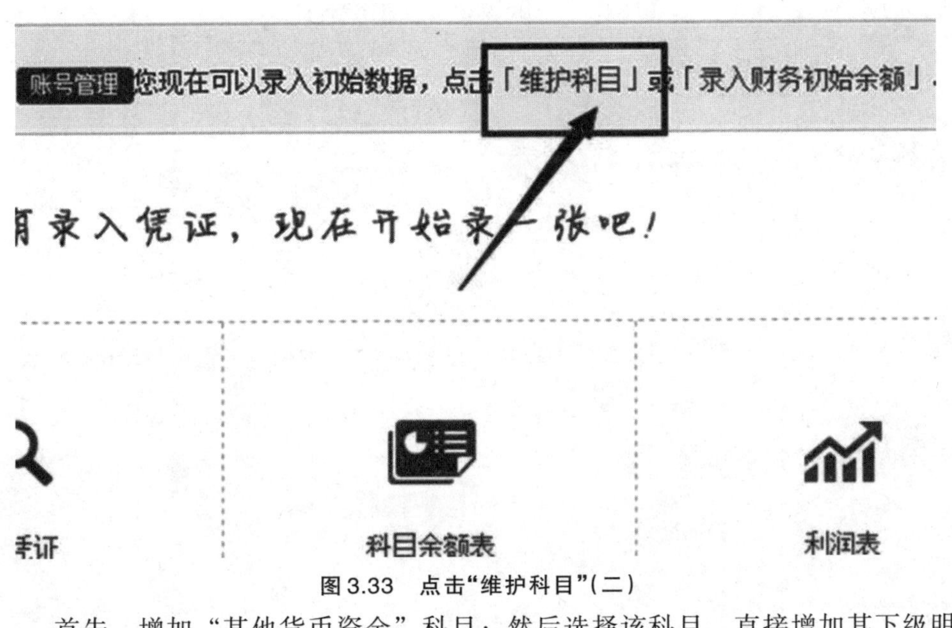

图3.33 点击“维护科目”(二)

首先，增加“其他货币资金”科目；然后选择该科目，直接增加其下级明细科目——银行承兑汇票保证金，并保存（如图3.35、图3.36所示）。

图 3.34 维护科目

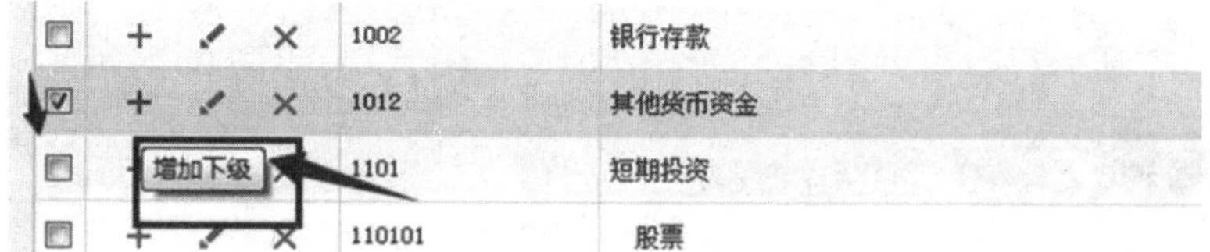

图 3.35 增加"其他货币资金"科目

新增下级科目

科目编码 101201

科目名称 银行承兑汇票保证金

上级科目 1012 其他货币资金

科目类别 流动资产

余额方向 ◉ 借 ○ 贷

☐ 辅助核算

☐ 数量核算

☐ 外币核算

图 3.36 增加"其他货币资金"下级科目

辅助核算是对账务处理的一种补充，即实现更广泛的账务处理，以适应企业管理和决策的需要。辅助核算一般通过核算项目来实现。核算项目是会计科目的一种延伸，设置某科目有相应的辅助核算后，相当于设置了该科目按核算项目进行更为明细的核算。但核算项目又不同于一般的明细科目，它具有更加灵活方便的特性，一个核算项目可以在多个科目下挂接。而且一个会计科目可以设置单一核算项目，也可以选择多个核算项目，例如可以将应收账款（1131）科目同时设置为往来核算与部门核算，以方便进行财务管理。

点击“设置”中的“辅助核算”，将相关的客户和供应商等核算项目输入进去（如图3.37、图3.38所示）。

图3.37　设置辅助核算

外币核算一般在涉及其他币种时使用，而这家公司根本没有外币业务。

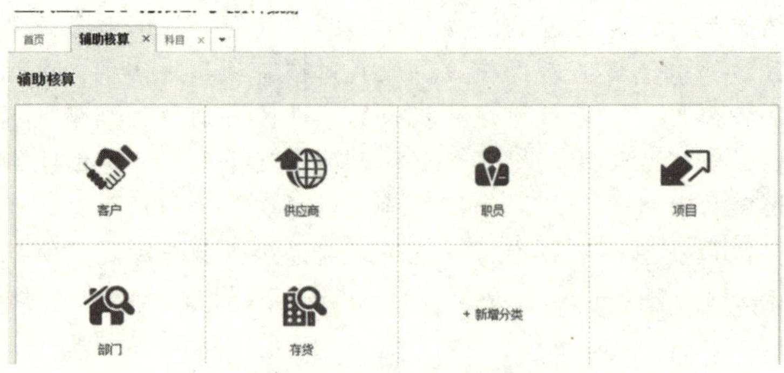

图 3.38　输入辅助核算项目

同理，增加应收账款等往来明细科目（如图 3.39 所示）。

▣	+	✎	×	112201	北京迪康医疗设备有限公司	流动资产	借
▣	+	✎	×	112202	重庆健心医疗设备有限公司	流动资产	借
▣	+	✎	×	112203	北京康福医疗设备有限公司	流动资产	借
▣	+	✎	×	1123	预付账款	流动资产	借
▣	+	✎	×	112301	深圳中天电子设计研究院	流动资产	借
▣	+	✎	×	220201	深圳蓝莓电子设计研发中心	流动负债	贷
▣	+	✎	×	2203	预收账款	流动负债	贷
▣	+	✎	×	220301	常州静安医疗设备有限公司	流动负债	贷
▣	+	✎	×	2211	应付职工薪酬	流动负债	贷

图 3.39　增加应收账款等往来明细科目

数量核算一般是针对存货类科目而言的，对“原材料”、“库存商品”科目启用数量核算如图 3.40 所示。

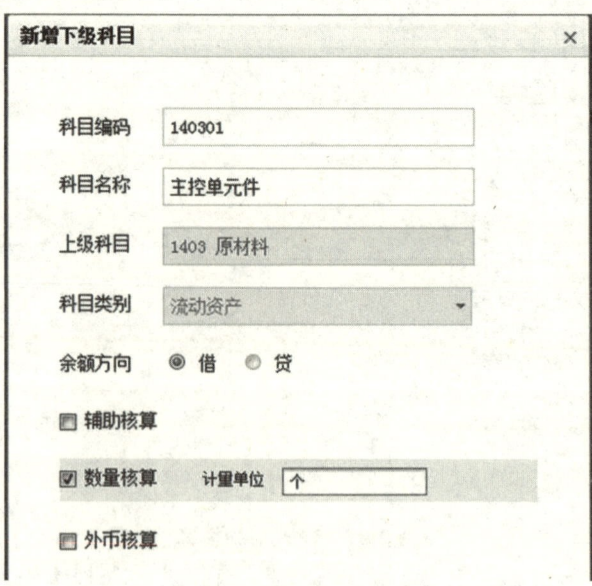

图 3.40　启用数量核算

启用数量核算后，系统自动对二者的数量进行核算（如图3.41所示）。

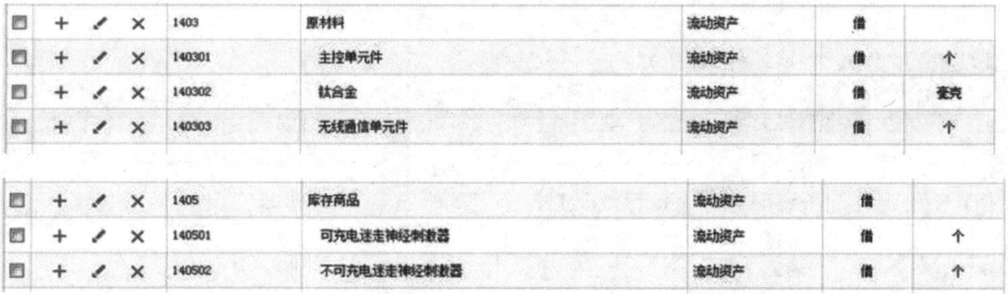

☐	+	✎	×	1403	原材料	流动资产	借	
☐	+	✎	×	140301	主控单元件	流动资产	借	个
☐	+	✎	×	140302	钛合金	流动资产	借	毫克
☐	+	✎	×	140303	无线通信单元件	流动资产	借	个
☐	+	✎	×	1405	库存商品	流动资产	借	
☐	+	✎	×	140501	可充电迷走神经刺激器	流动资产	借	个
☐	+	✎	×	140502	不可充电迷走神经刺激器	流动资产	借	个

图3.41 “原材料”、“库存商品”科目的数量核算

如果想要增加一个非明细科目——坏账准备，可以直接点击“新增”选项，并对该科目的相关信息进行编辑（如图3.42、图3.43所示）。

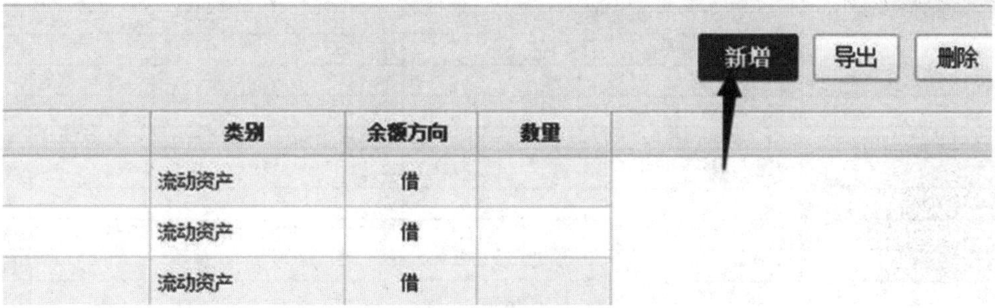
新增
导出
删除
类别
余额方向
数量
流动资产
借
流动资产
借
流动资产
借

图3.42 新增科目

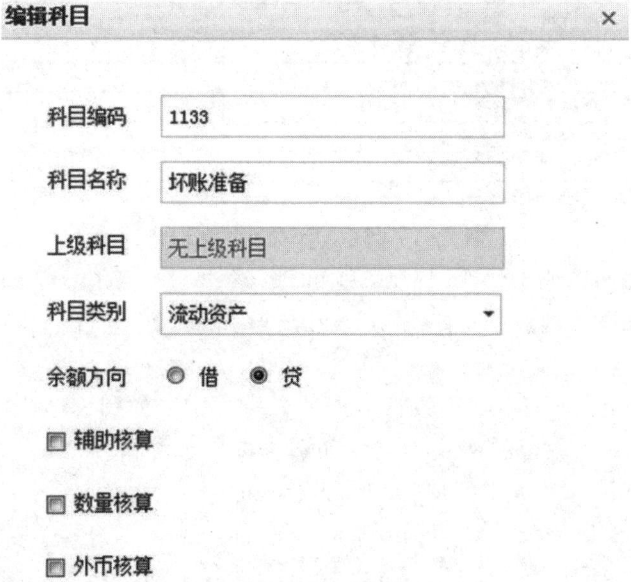
编辑科目
×
科目编码
1133
科目名称
坏账准备
上级科目
无上级科目
科目类别
流动资产
余额方向
借
贷
辅助核算
数量核算
外币核算

图3.43 编辑科目

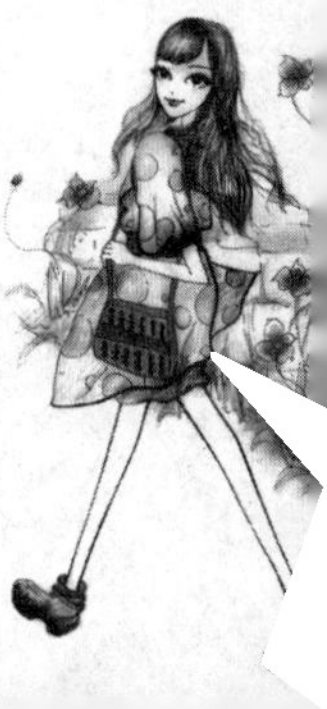

科目新增完毕后，重新点击“导入”并下载新的财务初始数据模板（如图3.44所示）。

科目编码	科目名称	明细科目	是否核算	
1001	库存现金	是	否	借
1002	银行存款	是	否	借
101201	银行承兑汇票保证金	是	否	借
110101	股票	是	否	借
110102	债券	是	否	借
110103	基金	是	否	借
110110	其他	是	否	借
1121	应收票据	是	否	借
112201	北京迪康医疗设备有限公司	是	否	借
112202	重庆健心医疗设备有限公司	是	否	借
112203	北京康福医疗设备有限公司	是	否	借
112301	深圳中天电子设计研究院	是	否	借
1131	应收股利	是	否	借
1132	应收利息	是	否	借
1133	坏账准备	是	否	贷
1221	其他应收款	是	否	借
1401	材料采购	是	否	借
1402	在途物资	是	否	借
140301	主控单元件	是	否	借
140302	钛合金	是	否	借
140303	无线通信单元件	是	否	借
1404	材料成本差异	是	否	借
140501	可充电迷走神经刺激器	是	否	借
140502	不可充电迷走神经刺激器	是	否	借
1407	商品进销差价	是	否	借
1408	委托加工物资	是	否	借
1411	周转材料	是	否	借
1421	消耗性生物资产	是	否	借
150101	债券投资	是	否	借

图3.44　财务初始数据模板(新)

从导出来的财务初始模板数据中可以看出，里面已经包含了新增的明细科目，接下来，我把所有的初始余额数据放到一张Excel表格中（如图3.45所示）。

然后，利用VLOOKUP函数将数据填入模板中（如图3.46所示）。

复制数据并以数值的格式粘贴（如图3.47所示）。

删除#N/A后，模板中的数据如图3.48所示。

我想这一次应该没什么问题了吧。

等待，导入中。

	累计摊销	贷	55 000.00
	短期借款	贷	800 000.00
	应付票据	贷	2 000 000.00
	应付账款	贷	500 000.00
	预收账款	贷	1 000 000.00
应交税费—	应交城市维护建设税	贷	2 076.89
—	应交个人所得税	贷	6 000.00
—	未交增值税	贷	29 669.87
—	应交教育费附加	贷	890.10
—	应交地方教育费附加	贷	593.40
	实收资本	贷	12 000 000.00
盈余公积—	法定盈余公积	贷	185 903.66
利润分配—	未分配利润	贷	1 297 095.61
	北京迪康医疗设备有限公司		100 000.00
	重庆健心医疗设备有限公司		37 400.00
	北京康福医疗设备有限公司		12 000.00
	常州静安医疗设备有限公司		1 000 000.00
	深圳蓝莓电子设计研发中心		500 000.00
	深圳中天电子设计研究院		170 000.00
	主控单元件		1 500 000.00
	钛合金		800 000.00
	无线通信单元件		600 000.00
	可充电迷走神经刺激器		240 000.00
	不可充电迷走神经刺激器		1 500 000.00

图 3.45　初始余额数据

=VLOOKUP(B3,[工作簿1.xlsx]期初科目余额表!$B$4:$D$39,3,0)

科目编码	科目名称	明细科目	是否核算	借贷	期初余额 数量	本位币
1001	库存现金	是	否	借		22669.80
1002	银行存款	是	否	借		6099876.26
101201	银行承兑汇票保证金	是	否	借		1000000.00
110101	股票	是	否	借		#N/A
110102	债券	是	否	借		#N/A
110103	基金	是	否	借		#N/A
110110	其他	是	否	借		#N/A
1121	应收票据	是	否	借		2000000.00
112201	北京迪康医疗设备有限公司	是	否	借		100000.00
112202	重庆健心医疗设备有限公司	是	否	借		37400.00
112203	北京康福医疗设备有限公司	是	否	借		12000.00
112301	深圳中天电子设计研究院	是	否	借		170000.00
1131	应收股利	是	否	借		#N/A
1132	应收利息	是	否	借		#N/A
1133	坏账准备	是	否	贷		7470
1221	其他应收款	是	否	借		#N/A
1401	材料采购	是	否	借		#N/A
1402	在途物资	是	否	借		#N/A
140301	主控单元件	是	否	借		1500000.00
140302	钛合金	是	否	借		800000.00
140303	无线通信单元件	是	否	借		600000.00
1404	材料成本差异	是	否	借		#N/A
140501	可充电迷走神经刺激器	是	否	借		240000.00
140502	不可充电迷走神经刺激器	是	否	借		1500000.00
1407	商品进销差价	是	否	借		#N/A

图 3.46　利用VLOOKUP函数将数据填入模板中

接着系统又提示我导入的Excel列数不对（如图3.49所示），怎么可能，我根本就没有动模板，既没有增加列，更没有删除列。到底是怎么回事？

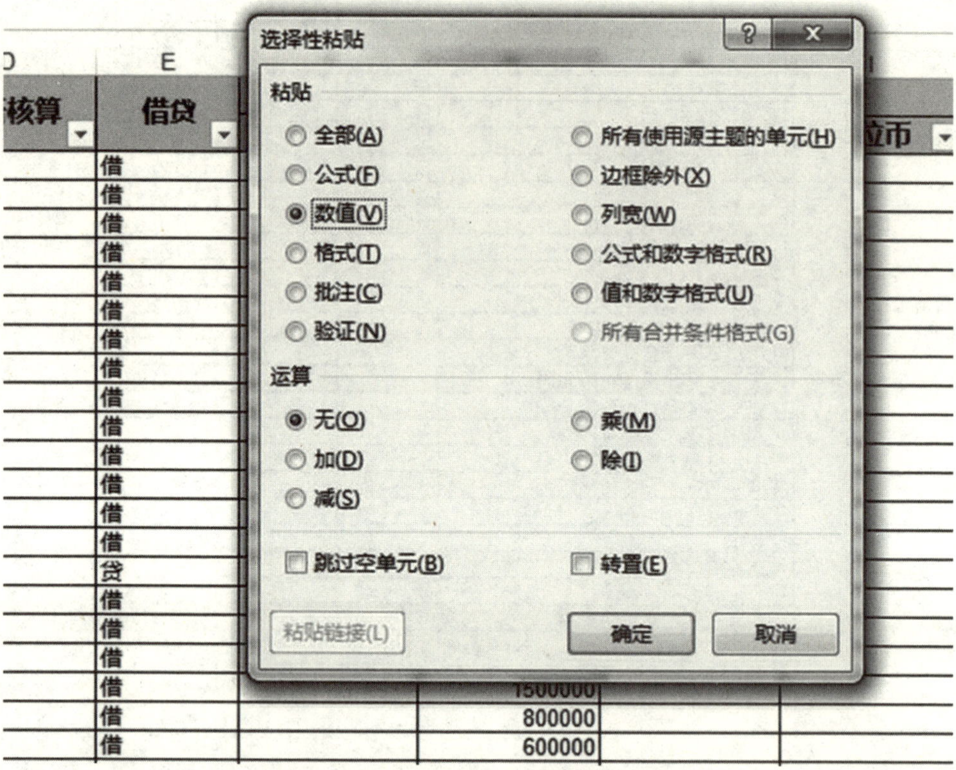

图 3.47　复制数据并以数值的格式粘贴

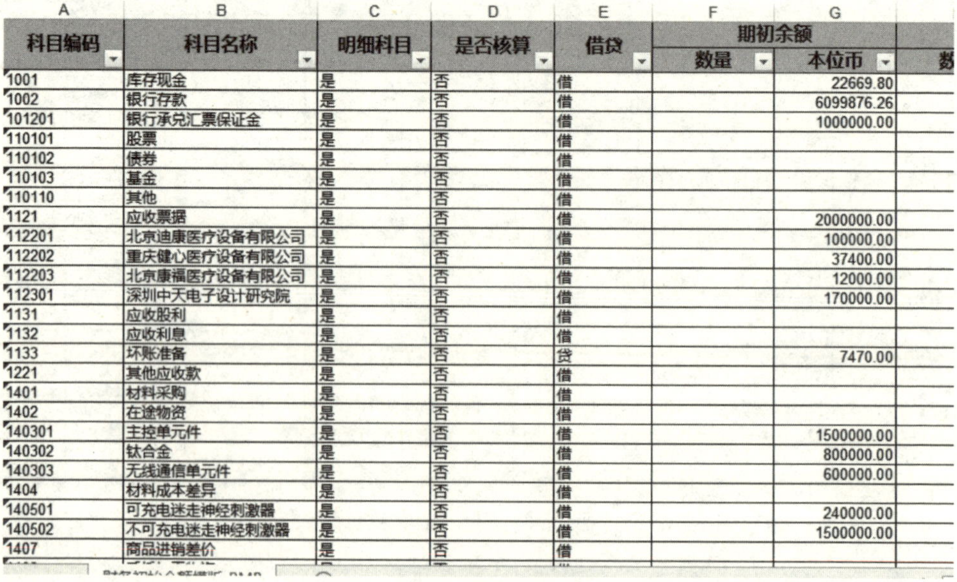

科目编码	科目名称	明细科目	是否核算	借贷	期初余额	
					数量	本位币
1001	库存现金	是	否	借		22669.80
1002	银行存款	是	否	借		6099876.26
101201	银行承兑汇票保证金	是	否	借		1000000.00
110101	股票	是	否	借		
110102	债券	是	否	借		
110103	基金	是	否	借		
110110	其他	是	否	借		
1121	应收票据	是	否	借		2000000.00
112201	北京迪康医疗设备有限公司	是	否	借		100000.00
112202	重庆健心医疗设备有限公司	是	否	借		37400.00
112203	北京康福医疗设备有限公司	是	否	借		12000.00
112301	深圳中天电子设计研究院	是	否	借		170000.00
1131	应收股利	是	否	借		
1132	应收利息	是	否	借		
1133	坏账准备	是	否	贷		7470.00
1221	其他应收款	是	否	借		
1401	材料采购	是	否	借		
1402	在途物资	是	否	借		
140301	主控单元件	是	否	借		1500000.00
140302	钛合金	是	否	借		800000.00
140303	无线通信单元件	是	否	借		600000.00
1404	材料成本差异	是	否	借		
140501	可充电迷走神经刺激器	是	否	借		240000.00
140502	不可充电迷走神经刺激器	是	否	借		1500000.00
1407	商品进销差价	是	否	借		

图 3.48　模板中的数据

图3.49　系统信息提示——导入的Excel列数不对

我被这个软件彻底搞懵了。

才刚开始，我就稀里糊涂了，一个期初数据就给我来了一个下马威，后续我该怎么做啊！

我一筹莫展，继续查找原因，不断地思索。

突然，我想起是不是因为我为存货类科目设置了数量核算而没有填入数量呢？

于是我又尝试把数量填入，再导入看看（如图3.50所示）。

1133	坏账准备	是	否	贷		7470.00	
1221	其他应收款	是	否	借			
1401	材料采购	是	否	借			
1402	在途物资	是	否	借			
140301	主控单元件	是	否	借	15000	1500000.00	
140302	钛合金	是	否	借	8000	800000.00	
140303	无线通信单元件	是	否	借	3000	600000.00	
1404	材料成本差异	是	否	借			
140501	可充电迷走神经刺激器	是	否	借	2000	240000.00	
140502	不可充电迷走神经刺激器	是	否	借	1500	1500000.00	
1407	商品进销差价	是	否	借			
1408	委托加工物资	是	否	借			
1411	周转材料	是	否	借			
1421	消耗性生物资产	是	否	借			
150101	债券投资	是	否	借			
150102	其他债权投资	是	否	借			
151101	股票投资	是	否	借			
151102	其他股权投资	是	否	借			

图3.50　填入存货类科目有关数量

导入后，Excel列数不对这个问题解决了，却又出了另一个问题，系统再一次提示我损益科目期初余额年初数必须为0（如图3.51所示）。

这是什么意思？难道是因为账套启用的期间是6月份，属于年中启用？

于是，我检查了一下损益类科目（如图3.52所示）。

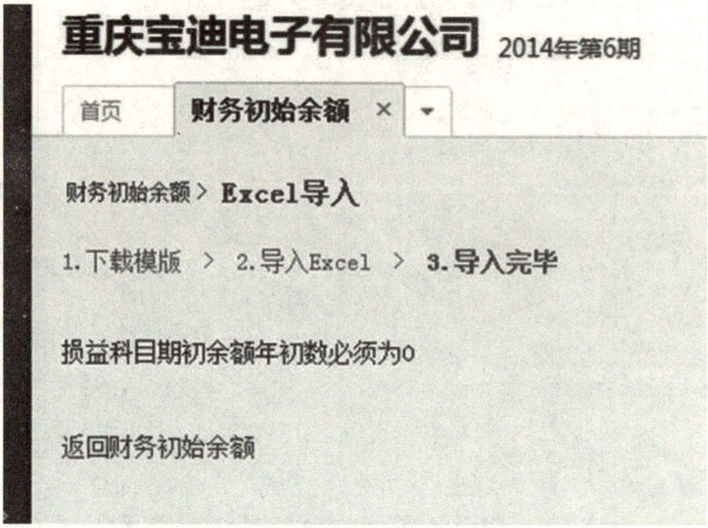

重庆宝迪电子有限公司 2014年第6期

首页 | 财务初始余额 ×

财务初始余额 > Excel导入

1.下载模版 > 2.导入Excel > 3.导入完毕

损益科目期初余额年初数必须为0

返回财务初始余额

图3.51　系统信息提示——损益科目期初余额年初数必须为0(二)

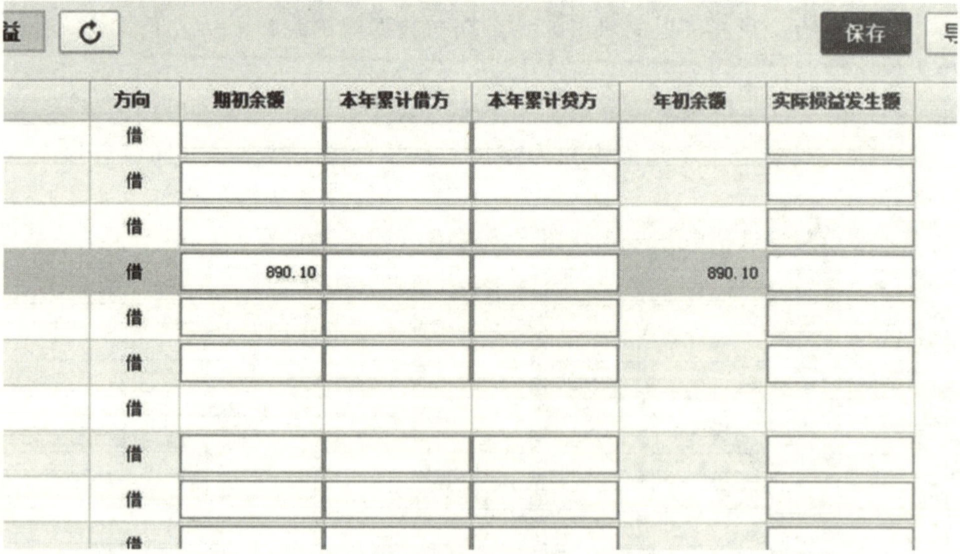

保存

方向	期初余额	本年累计借方	本年累计贷方	年初余额	实际损益发生额
借					
借					
借					
借	890.10			890.10	
借					
借					
借					
借					
借					
借					

图3.52　损益类科目期初余额、年初余额

这时我忽然想到，损益类科目一般到了期末都会结转，那么下一期期初肯定不会有数据。由于年中启用账套，这里肯定是填入了本年累计金额。于是，我又继续修改财务初始数据模板。

我想继续解决问题，可是我实在困得不行了，一看时间，已经凌晨1点多了，再不睡觉，明天就变熊猫眼了。我决定这个问题先放着，明天继续研究！

猪能上树吗

今天周末，本来想好好睡一个懒觉，没想到一大早杜老师就打电话来，说他准备开一个培训班，今天开始免费试听，希望我去帮他打个杂，顺便捧个场，我一听就来精神了，赶紧约了婉晴去凑热闹。

由于离得不远，我准备走路过去，可是婉晴非得要骑自行车载着我去。就这样七拐八拐地，等我们到的时候，会堂上已经挤满了人，偌大的礼堂，杜老师正西装革履地站在讲台上。

"你说，咱杜大神今天是不是有点紧张啊。"婉晴说道。

"好像是有点。"我应和着。

9点整，培训开始了，打开PPT，出现一个标题。

如何让猪上树？

"杜神，什么意思啊，他把我们都当猪啊？"婉晴叫了起来。

"别叫，别叫，他的意思应该是就算你是一头猪，我也能让你上树，以此来说明他的教学方法好吧。"我解释道。

"也许吧，但是不管怎么样，我觉得这策划有点失败。把我们当猪，藐视我们，要知道我们可是他的财神爷，他才是猪呢。"

"小声点，你要骂他是猪，等他下台了，散会了，你再骂，行不？人家是叫你来捧场的，不是叫你来砸场子的。"

"这倒是。"

"听他讲什么？"

"在讲课之前，我想问大家一个问题，如何让一头猪上树？有没有人有什么办法？"

会堂上一阵哄笑，气氛开始活跃，接着有人举手。

"猪太胖了，怎么能上树，还是先帮猪减肥吧，等它瘦下来了，才考虑让它上树。"

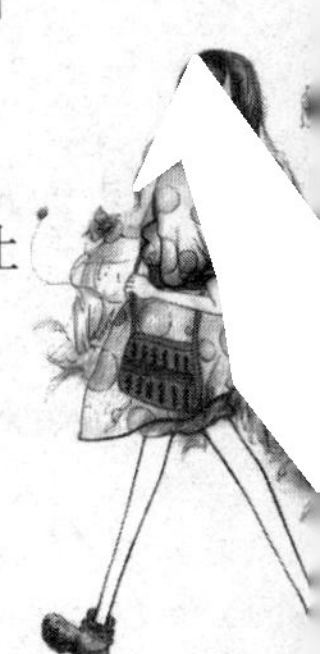

大家哄笑。

“给猪的4只蹄子穿上钉子鞋，然后让它上树。”

又是一阵哄笑。

“不管是帮猪减肥，还是让猪穿鞋，都有很大的难度，我觉得还是找棵斜着长的树让它爬吧。”

“在树干沿途放少量食物，引诱它上树。”

大家叽叽喳喳，讨论不休。

……

“大家的想法都不错，帮猪减肥，是让它达到基本标准；给猪的4只蹄子穿上钉子鞋，这是给它工具；先找棵斜着长的树让它爬，这是循序渐进、由易到难；在树干沿途放少量食物，这是分解目标和过程激励。”

经杜老师这么一提示，大家的思维更活跃了。

“了解猪喜欢吃什么，这是了解个人目标。”

“猪如果还爬不上去，就要进行分析并改进，这是评估完善。”

“爬上去就奖励。”

“给猪美好的愿景，告诉它你就是猴子，简称画饼。”

“把树砍倒，让猪趴在树上合影留念，简称山寨。”

“告诉它如果上不去，晚上摆全猪宴，简称绩效。”

“让猪穿李宁，一切皆有可能。”

“哈哈哈……”

会堂里到处都是哄笑声，笑声吸引了更多的人，会堂里的人越来越多，已经挤到了门边，门口还有人在张望。

“看来让猪上树的方法有很多，但是我想问两个问题：一，猪真的能上树吗？二，要找个动物爬上树，为什么一定要找猪呢？为什么不找猴子呢？”

是呀，要找个动物爬上树，为什么一定要找猪呢？为什么不直接找猴子呢？

一语惊醒梦中人！

原来，无论我们采取什么办法，猪都是不可能上树的！我们想的那些办法都是徒劳！

“所以，现在企业变得越来越聪明了，如果招错了人，再怎么培训也是枉然，还不如不培训而直接招聘立马能上手的人。以前因为招聘难，很多企业还会‘迫不得已’降低要求，以为通过培训可以使员工达到标准！而现在招人培训上岗的企业越来越少了，这就说明企业的用人思维发生了很大变化。

培训对企业来讲是成本，而且，由于初期的不达标，企业还会承担因此带来的机会成本、时间成本等，这些成本往往高得吓人！

直接成本包括：报纸和互联网广告、招聘会或猎头费用，筛选简历的时间、测试时间、面试时间成本，入职培训、在岗培训成本。

间接成本包括：损失生产力的成本，解聘员工作出错误决定的成本，职能失去可信度、下属的士气和生产力低落、所解聘的员工可能会引起诉讼的成本。

曾经有企业核算过培训成本，其结论是：如果招错了人，企业会付出15倍于工资的代价！意思是：假设这个人的年薪为10万元，企业因招错人而付出的代价就是150万元！

而且有些个人特质，基本上是无法通过培训改变的。比如，企业非要招一个对数字不敏感、粗心的人，然后去培养他做会计，这完全就是天方夜谭！

所以，现在企业都不养猪了，要找个动物爬树，直接找猴子了。

于是，问题就来了，你没有工作经验，就找不到工作。你学了会计，但是没有会计工作经验，就找不到会计工作。你不找会计工作，就永远没有会计工作经验。你永远没有会计工作经验，就永远找不到会计工作，最终导致恶性循环。

有没有解决办法呢？

有！

可以在找工作之前先来培训，企业不是要猴子吗，那你就让自己变成猴子。

在这里又分为两种情况：一种是你本质就是一头猪，根本就变不了猴子。比如，你天生就是粗心大意，对数字完全不敏感，你甚至还喜欢天马行空、异想天开，完全就是搞艺术的料，那就赶紧转行，不要在会计领域浪费时间了。另一种是你本来是一只猴子，但是由于从没爬过树，不知道该怎么爬，那么你今天来这就来对了。我可以让你在短期内立马学会爬树。

那怎样才能知道自己到底是头猪还是只猴子呢，大家可以测试一下。”

然后，杜老师示意我一下，我和婉晴赶紧把印好的测试卷每人发一份。

“现在每个人手上都有一份测试卷，请大家先把姓名、联系方式填好，然后我喊‘预备开始’，你们就开始测试，2分钟，我计时。”

测试要求

（1）在尽量短的时间内做完，测试计时。

（2）从开始做，一直到做完为止，中间不能停顿。

测试题一

测试原理：粗心的表现主要是看错、写错、抄错、数字混淆、相似字写反等，产生的原因主要是视觉注意力和视觉分辨能力不强，下面从视觉能力的角度来测试。

测试方法：从数字行中把所有的“8338”找出来，并在其下方画上线。例如：8338。

测试评分：找出一个“8338”，得1分。例如：找出20个“8338”，则得20分。

8383　8338　8883　8338　8333　3388　8383　3838　8338　8383
3388　8383　3838　8338　3838　3883　8338　3838　8338　3838
8338　8383　8383　3838　3838　8338　8383　8383　3883　8338
3838　8383　3838　8338　8338　3888　8383　8833　3838　8338
8383　8383　8338　3883　8338　8333　3388　3883　8338　3883
8338　3388　3388　3883　8338　8338　3883　8383　8338　3888
8833　8338　3883　8338　8338　8383　8338　8338　8338　8833

测试题二

测试原理：粗心的表现主要是简单的数据算错，产生的主要原因是视觉记忆能力和思维能力不强，下面从视觉的记忆能力和思维能力的角度来测试。

测试方法：下面每行数字中都有一些两两相邻、其和等于11的成对数字，在每对相加等于11的相邻数字下面画上线。例如：87956367832692。

测试评分：下面的数字行中包含相加等于11的邻数，每答对一对数字，则得1分。例如：共答对30对，则得30分。

654865483698247389647467647927346824583921256983
354589210369347389574869010285678332818174615646
812012996553566298741369287864286549762801836529
836077489921221203654211987563215563229864839518
638378467525663377448855991257892463258974412630

评分标准：（以测试题一和测试题二的总得分为标准）

60～66分　学习细心，学习效率高，对数字很敏感。

50～59分　学习比较细心，学习效率比较高，需要提高数字敏感力。

41～49分　学习一般细心，学习效率比较低，数字敏感力比较差。

40分以下　学习粗心大意，学习效率很低，数字敏感力非常差，不适合做会计。

2分钟过后，杜老师说：“50分以上的同学把测试卷交上来。”

然后大家开始交卷。

没有人愿意承认自己是猪，于是基本上所有的人都交了。

而且大家都得了60分以上。

大家都是猴子，不是猪。

接着，杜老师又给大家讲了会计工人的概念，他说会计初学者其实就是一名会计工人。立马就有人不满了，我们之所以学会计，就是因为觉得会计一天到晚坐在办公室，是白领，你怎么把我们当工人了。

杜老师笑了笑，说道："不管是哪个行业，首先都是从工人做起的，不可能你一到公司，就立马让你做高层、做管理，很多会计刚到公司连工人都不是，都是从勤杂工做起的，工人最起码能够生产出产品，你们能生产出自己的产品吗？"

"我们会计也有产品？"

"是的，我们会计也和其他工人一样，也有自己的产品。我们的产品就是全盘账，这就是我们的生产成品（如图4.1至图4.5所示）。"

图4.1　记账凭证(一)

图4.2　记账凭证(二)

图 4.3　账簿

图 4.4　账本

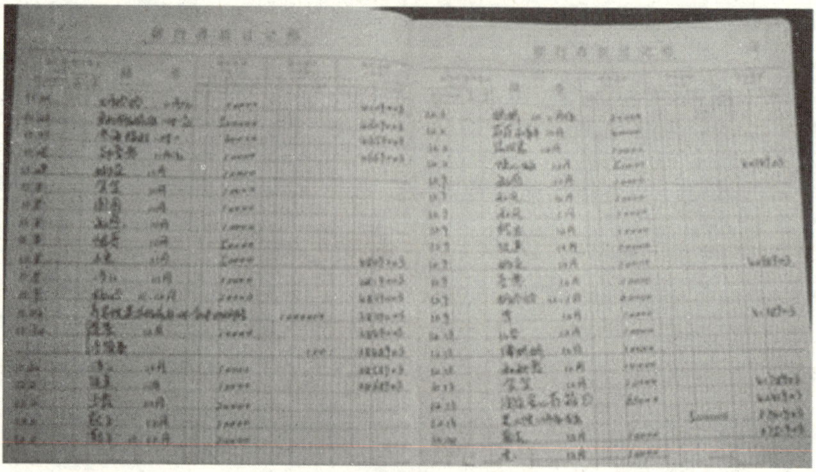

图 4.5　银行存款日记账

这是我们会计的生产工艺流程，请扫下面的二维码查看详情。

关注小艾上班记微信公众号（xiaoaicoco），回复数字719，查看。

“请问在座的大家，有几个做过全盘账，有几个完整地生产过自己的产品？

没有？那就说明你们现在连会计工人都不是。

所以，要想做一名会计，至少你得生产出自己的会计产品，熟悉自己产品的生产工艺流程，也就是基本的会计流程。

当然，也有例外，我也见过很多财务总监连会计分录都不会做，那个另当别论。

总之，要想做一名好会计，首先你得生产出属于自己的会计产品。然后问自己，你对自己的产品满意吗？如果你对自己的产品都不满意，那么你怎么要求老板对你的产品满意？如果你的老板对你的产品不满意，那么你怎么要求老板聘用你，给你高薪高职？

当会计不要怕吃苦，同时得放下身段，刚入行，老板会让咱们做些打杂的小事，尤其是私营老板。我也曾兼过厨子、保姆、秘书，你说，我一个堂堂大男人天天风雨无阻地跑银行，骑车来回三个小时去税务局，这还能忍受，但是给老板做厨子，这是何等的耻辱。有时因为打了一次出租车让老板报销，他的脸色还很不好看，真是让人‘叔可忍婶不可忍’，但还是得忍。”

“哈哈哈……”

会堂里的人被杜老师自我解嘲式的幽默逗笑了。

整个会场气氛良好，散场时报名学习的人很多。

我跟婉晴不得不感叹，杜大神的策划很成功，之所以策划成功，最主要还是因为他深入浅出的讲解，且会计功底深厚。

第5章

能力与奢望

下课时，大家还恋恋不舍，不停地追问。

“我是新手，怎样才能快速成为一名合格的全盘账会计，请杜老师指教。”

“我是非会计专业的，如今已毕业三年，一直也未从事过财务相关工作，求职还因为没有经验屡屡碰壁。我怎样才能找到一个比较好的会计岗位呢？我日后的目标是财务总监。”

“注会一年可以考过吗？”

“怎样能更快更稳地进入会计行业？”

“杜老师，我怎样才能拥有一份美好的生活？”

“怎样才能让老板赏识我，让我高薪高职？”

“我怎样才能爱情事业双丰收？”

……

面对炮弹一样的问题，杜老师顿了顿，喊了声停，然后耸了耸肩，无奈地摊开双手，反问道：“怎么办？”

“这样吧，我给你们讲个故事。

我姐生孩子的时候，请过一个保姆，你们知道那是怎样的一个保姆吗？我告诉你们。

她只喝自己带来的祁门红茶;她必须睡硬板床，柔软的席梦思是万万不行的，因为担心驼背;她每天早晨一定要吃用纯碱而不是发酵粉手工做的馒头;她每个礼拜天必须休息;她还对我姐的饮食作息严加管束，我姐在家做的事还得由她把关。

去年圣诞节前几天，我姐准备参加闺蜜的年终派对，惴惴不安好一阵子才打定主意不告诉她，偷偷溜出去。当我姐化着美美的小烟熏妆，穿着blingbling的小礼服，拎着闪闪的小高跟鞋，猫着腰，企图逃过她火炬般的目光时，身后响起幽幽的声音：

‘小杜，你这是要到哪去?下午三点我们家政协会召开年度大会，我要代表理事们致辞，你得留在家里照看宝宝。’

我姐听了，果断地洗干净了小烟熏，脱下小礼服，放回小高跟，安安静静守着小宝宝，成全了神级保姆阿姨的会议报告。”

“哇，这哪是请保姆，请皇母啊!”

“一个保姆这么跩?”

“你姐为什么要忍受她?”

“钱多烧的?”

“花钱买罪受?”

……

大家议论纷纷。

“你问我姐为什么要忍?”杜老师做了一个安静的手势，答道：

“因为那时，我姐的孩子刚刚出生，每一个小小的孩子来到这个世界，都不会自带使用说明书，面对这个伸腿蹬脚的小人儿，全家都犯难，而我姐要继续工作，只有这个保姆才能搞定一切。

忽略她的脾气，她是我见过最卓越的保姆——她当得起‘卓越’这个词。

孩子在她手上完全是个小把戏，除了所有带孩子的基本功，她还会抚触、会按摩、会拍嗝、会治病，宝宝到点就睡醒来就吃，不哭不闹心情良好，她就是一本关于孩子的百科全书。此外，她还亲手给我姐做固元膏，传授中医知识，了解一切生活里的小窍门，拆洗窗帘、收纳整理、熨烫衣服、烧菜做饭、读书看报，除了不会英语，她的技能和水准简直是国际化的。

她的能力撑得起她的脾气，所以我姐心甘情愿百般佩服地忍了。

一个人，当她对生活提出要求的时候，生活也会对她提出反向要求，所以比较现实的做法是，首先反复掂量自己有多大本领来满足生活的要求，考察自己的能力与愿望是否匹配，然后再给出问题的答案。

你们问我，注会一年可以考过吗?

有人本领强，一年过，有人本领差，10年也没过。

你们问我，怎样才能让老板赏识你，让你高薪高职?

我只能说，你能力强，老板自然赏识你，就像我刚刚讲的神级保姆阿姨一样，你要是成了神级会计，不仅是被赏识，还会赢得佩服，老板处处依赖你，何求不高薪高职?

所以，提高能力、努力学习是关键。能力是一点一点提高的，基本速成的。欲速则不达，就像练武功一样，过于求速，只会适得其反

入魔。不要志向远大，眼高手低。连马化腾都坦言如果今天才创业，顶多做点小软件满足自己的爱好。不能指望要做10亿元或多少亿元，如果我们当初这样想早就死了。因为这会左右你的每一步动作，接下来你会发现很多细小的事情都不做了，看到服务器有问题也不紧张，老想着10亿元、100亿元怎么搞。事情都是一点点细致地做出来的，一定把目标放到最低，过完这关再说。不用怕别人多厉害，做好自己、和自己比就行了。

所以，你们就别整天想着怎样才能做到财务总监，怎样才能获得美好的人生。

只要你努力，你每天都在努力，你今天比昨天好，明天比今天好，你有一天或许会成为财务总监，就算你最后没有成为财务总监，你也会收获美好的人生。”

杜老师讲完，会场里鸦雀无声。

是的。

每个人都渴望美好的人生，拥有好的职业、好的爱人，事业爱情双丰收。

但是愿望是美好的，现实是残酷的，没事的时候可以畅想一下，但更重要的还是脚踏实地地往前走。

人之所以迷茫，就是因为才华和梦想不匹配；之所以纠结痛苦，也是因为能力与愿望不匹配。

我们都是普普通通的人。

我们如今得到的一切，都是愿望与能力最终谈判和妥协的结果。

清醒、客观地认识自我，是个异常艰难和痛苦的过程。

很多人都不愿意面对自己。

就像很多女孩总是怨天尤人，为什么自己这么漂亮却总是找不到一个如意郎君。

她们不敢承认，这是由于本人相貌、能力都不足，所以吸引不来男神的爱情，她们每天对着镜子　看着自己的照片，总觉得自己是多么的美丽，她们不

……是：

……眼线、遮瑕膏；

……半侧、手叉腰；

……化、调色调。

……界中，自动选取最完美的角度观察自己。

……们就觉得那些不中听的真话都是羡慕、嫉妒、恨的

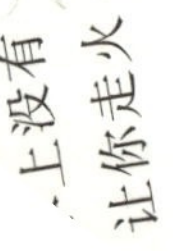

……给自己提个醒，忘记远处的模糊，做自己手边清楚

的事，等一会让杜老师拷个财务软件是正经事。什么财务总监，早着呢，以后的事谁能预料。以后说不定我自己开公司，自己聘财务总监，哈哈，我也想入非非了，打住打住。

生活的主题就是面对复杂，保持欢喜；现在事，现在心，随缘即可；未来事，未来心，何须劳心。

学员们走了之后，我和婉晴帮杜老师打理现场，杜老师为了感谢我们，决定请我们好好吃一顿。

吃什么呢？

婉晴吵着要去栗子坝吃梁山鸡，我坚决反对。去那，吃个破鸡还得预约，而且那卖的都是大鸡，小则也有七八斤一只。人到了，端一锅上来，说多少斤就是多少斤。你如果对鸡的斤两有疑问，厨房里就会冲个人出来对你咆哮："我要是缺斤少两，死全家！"吓都吓死了。

饭要自己打，筷子得自己找，酒还得自己拿，你喊服务员，服务员说"不得空"。

还不能挑三拣四，你要是说咸了，服务员二话不说，当着你的面把你那锅鸡"哐当"倒入垃圾桶，丢下一句话"等着哈，重新给你炒一只"。

总之，一个字，跩。

婉晴却说，这才体现我们重庆的特色，你不知道重庆辣妹都是以泼辣著称啊！再说，人家的鸡好吃啊，有跩的资本，就像杜老师姐姐家的保姆一样。

我说我有心脏病，经不起这么吓！

"你把自己当林妹妹啊，要知道现在林妹妹不吃香！

我们就是要性感，要泼辣！"

婉晴连说带演的，手舞足蹈。

……

杜老师看着我们争论不休，忙打圆场。

"现在吃梁山鸡来不及了，再说，我们只有三个人，人家也不一定接待，就算接待了，咱们也吃不了，一只鸡八九斤，咱们三个人每人得吃三斤，你一顿能吃三斤鸡？下次吧，下次我们多约几个人去，今天我带你们去吃新概念美味私房菜。"

"新概念？新概念不是英语吗？"

"哈哈，这你就不知道了吧，咱这新概念是美味私房菜，那里还有Mascarpone Cheese披萨和秘制桂花酸梅汤噢！赶紧去尝尝吧！"

"那走吧。"

我们来到新概念美味私房菜，新概念不愧是新概念，从餐厅布置到食物上

桌，处处撞击着人的思维，一边是大大咧咧的火锅，一边是完美主义的料理，如同奔放的灵魂撞向一丝不苟的态度，好比性感女郎遭遇优雅绅士。店内风格复古混搭，还有点LOFT的感觉，不仅有情调，还有格调。

婉晴走进去就跷起大拇指："杜老师，有品位，以后有啥事要我做的，尽管说啊，我不要工钱，就跟着你混吃混喝。"

菜上桌，吃饭，聊天。

婉晴说："杜老师，你说这手工账做凭证，把会计分录抄在记账凭证上面就可以了吗？可是为什么我连抄都不会抄了，拿起这凭证，感觉战战兢兢的，而且总是感觉自己是不是做错了，速度超级慢，要是我们企业一个月的凭证拿来让我这样做，我怀疑我得做一年。"

"因为知道做和会做本来就是两码事。"我答道："昨儿晚上，一个数据初始化就把我折腾得够呛。我选的还是一个超级简单的在线软件，连安装都不需要，你说我的软件操作能力有那么差劲吗？"

"初始化？上系统初始化是最烦人的，不过我们公司上系统都是软件供应商帮忙的。所以，不会初始化也没关系，企业买软件的时候肯定会有初始化相应的服务。"

"话是这么说，那自己还是应该会点吧。"

"你们两个其实就是做得太少了，不管是手工账还是软件账，都需要练，熟才能生巧。优秀都是训练出来的，就像数钱，数钱大家都会吧，可是有的人数钱又快又准、动作优雅，而有的人就笨手笨脚的，还总是出错，究其原因就是数得太少了。"

"你说的是表面原因，真正的原因是赚得太少了，没钱可数。"

突然，我发现在餐厅的角落有一对情侣在约会，他们的桌上摆满了酒。

感觉那个男的很绅士，只看见女的半边侧影，微低头，含羞带笑的。

他们在窃窃私语。

是她?Dsquare牛仔裤，4 950元，还打了8折。

"小艾，你在看什么?"

"妖孽，你们家的妖孽。"

"我们家哪来的妖孽?噢，你说的是撞你的那个美女妖精啊，我来瞅瞅。"

"你们两个，太不礼貌了，哪有这样盯着人看的。我就奇了怪了，男人看美女很正常，你们女人怎么也喜欢看美女。"

"爱美之心，人皆有之嘛。小艾，看不到她的正脸，你确定是她吗?"

"别看了。"我小声地拉回婉晴，一抬头，"Dsquare牛仔裤"正好看见我，好像还冲我微笑了一下，我不好意思地回应了一下，连忙转过头来。

学习秘籍

我向杜老师抱怨一个财务软件的初始化就把我搞糊涂了，期初余额怎么导都导不进去，希望他能为我指点迷津。

杜老师却说：“导入不进去，那你就一个一个地把期初余额录入进去。”

“是啊，熟才能生巧，你不熟怎么能生巧，你都没用过财务软件，就开始想着偷懒，从简单入手，由易到难，这才是学习的基本规律，假设你是年初开始用财务软件的，然后启用账套，把期初余额一个一个地录入进去。在录入的过程中，顺便熟悉软件。”

“这也符合企业的实际情况，因为有很多企业，特别是大企业，不是说想上软件就立马上软件，而是会有一个计划，一般会选择明年吧，今年都过了一半了。除非有紧急情况，非得马上上不可，如果没有计划，在上之前不做点准备工作，不梳理一下自己的流程，不考虑一下自己企业的特点，不考虑该上什么软件或者该买什么模块，就稀里糊涂地上了，会出很多问题。”

我觉得杜老师说得很对，于是决定回到家里一切重新来过。这次在启用账套的时候选择1月份创建账套（如图6.1所示），进入账套（如图6.2所示）后我便开始录入期初余额数据。

一边录入期初余额数据，一边记得保存（如图6.3所示）。

在我想要录入“其他货币资金——银行承兑汇票保证金”科目的时候，发现系统里没有它的明细科目，我得去添加科目。

于是，我开始找添加科目这个功能按钮。

我记得在首页上有一个“维护科目”功能选项（如图6.4所示），于是我返回了首页。

点击“维护科目”，就会出现新增下级科目的按钮，如图6.5中的“+”所示。

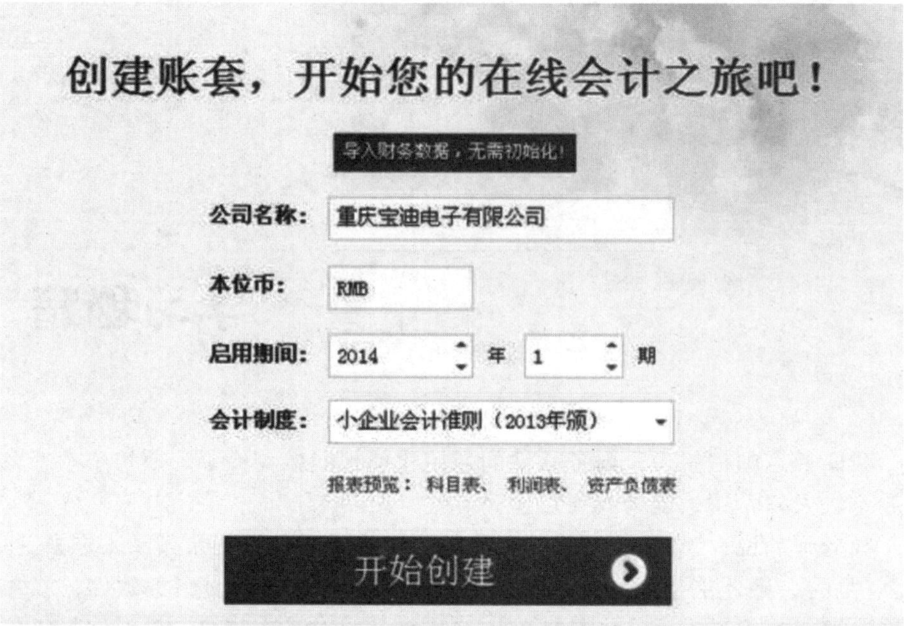

创建账套，开始您的在线会计之旅吧！

导入财务数据，无需初始化！

公司名称：重庆宝迪电子有限公司

本位币：RMB

启用期间：2014 年 1 期

会计制度：小企业会计准则（2013年颁）

报表预览：科目表、利润表、资产负债表

开始创建

图 6.1　创建账套(2014 年第 1 期)

重庆宝迪电子有限公司 2014年第1期

首页

上午好，COCO12345678！ 账号管理 您现在可以录入初始数据，点击「维护科目」或「录入财务初始余额」。

您还没有录入凭证，现在开始录一张吧！

查凭证

科目余额表

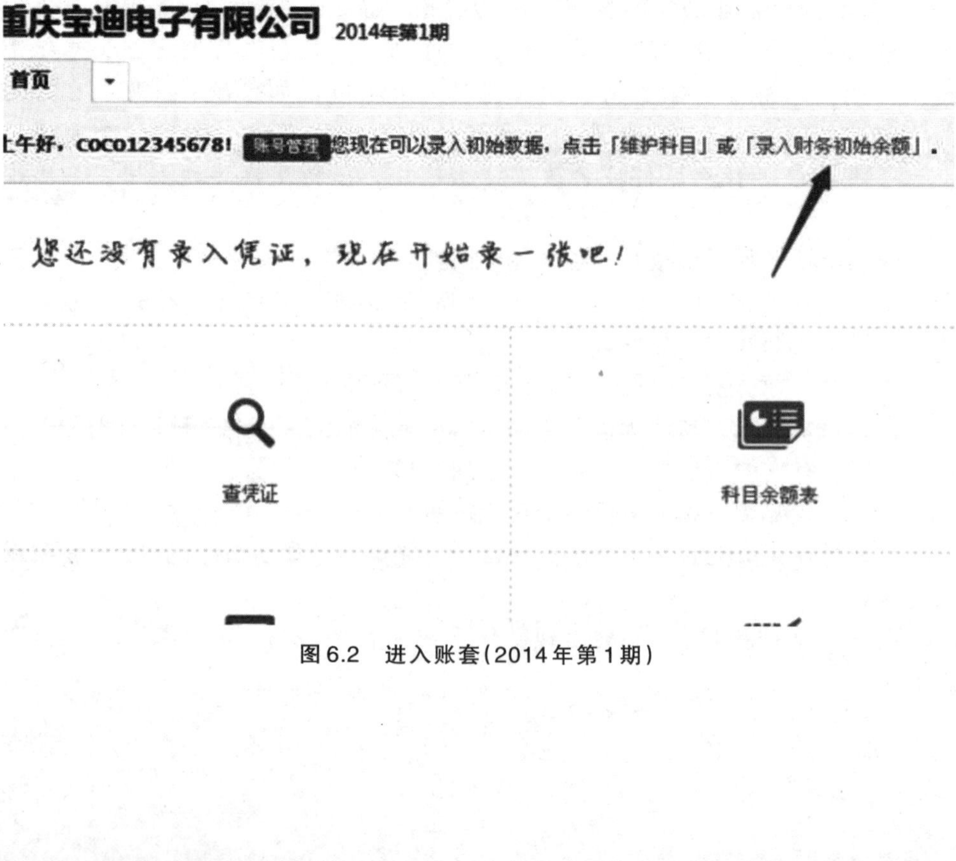

图 6.2　进入账套(2014 年第 1 期)

重庆宝迪电子有限公司 2014年第1期 切换

首页 财务初始余额

类别 资产 负债 权益 成本 损益

保存成功！ 保存

科目编码	科目名称	方向	期初余额
1001	库存现金	借	22,669.80
1002	银行存款	借	6,099,876.26
1012	其他货币资金	借	
1101	短期投资	借	

图6.3　录入期初余额数据并保存

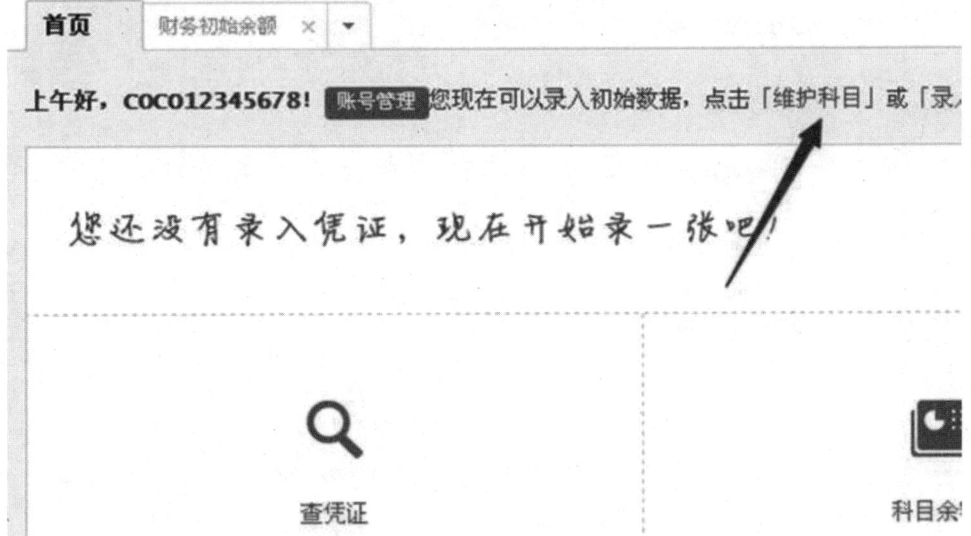

图6.4　维护科目功能

重庆宝迪电子有限公司 2014年第1期

首页 财务初始余额 科目

类别 资产 负债 权益 成本 损益

操作	编码	名称	类别	余额方向
+ ✎ ×	1001	库存现金	流动资产	借
+ ✎ ×	1002	银行存款	流动资产	借
+ ✎ ×	1012	其他货币资金	流动资产	借
+ ✎ ×	1101	短期投资	流动资产	借

图6.5　新增下级科目——其他货币资金

点击新增下级科目按钮即可增加“其他货币资金——银行承兑汇票保证金”的明细科目（如图6.6所示）。

新增下级科目 ×

科目编码 101201

科目名称 银行承兑汇票保证金

上级科目 1012 其他货币资金

科目类别

余额方向 ⊙ 借 ○ 贷

□ 辅助核算

□ 数量核算

□ 外币核算

保存 关闭

图6.6 新增“其他货币资金——银行承兑汇票保证金”明细科目

然后我点击“保存”，结果点了半天都没有反应。我不明白哪里录入得不对，为什么不能保存，最后只好点击“关闭”。我刷新了一下，系统跳入了登录页面，要求我重新登录，这时我才明白，因为我刚才离开了一会儿，系统就自动退出了。

我觉得软件设计人员这样设计肯定是为了保护财务数据的安全，考虑得比较周到。比如，你在上班的时候正在系统中做账，这时候有人找你，或者发生其他事情需要你离开，然后你肯定是立马离开座位，而忘记退出系统，如果系统不自动退出，万一有人有意或者不小心改了你的数据，那么在结账的时候就够你晕乎的了。

不过，我觉得这个地方设计得还是不够人性，在我点击“保存”的时候，系统应该立马跳入登录页面要求我重新登录，或者提示我重新登录，而不是点了半天也没反应。

在“其他货币资金——银行承兑汇票保证金”明细科目增加成功后，我开始录入期初余额数据（如图6.7所示）。

重庆宝迪电子有限公司 2014年第1期

首页 | 科目 × | 财务初始余额 ×

类别：资产 | 负债 | 权益 | 成本 | 损益

科目编码	科目名称	方向	期初余额
1001	库存现金	借	22 669.80
1002	银行存款	借	6 099 876.26
1012	其他货币资金	借	
101201	银行承兑汇票保证金	借	1 000 000.00
1101	短期投资	借	
110101	股票	借	
110102	债券	借	
110103	基金	借	
110110	其他	借	
1121	应收票据	借	2 000 000.00
1122	应收账款	借	149 400.00
1123	预付账款	借	170 000.00

图6.7 录入期初余额数据

当我录入到这里的时候，发现没有坏账准备这个科目，于是我打算继续新增科目（如图6.8所示）。

□	+	✎	×	1122	应收账款
□	+	✎	×	1123	预付账款
□	+	✎	×	1131	应收股利
□	+	✎	×	1132	应收利息

图6.8 新增下级科目

但是，我发现这里的新增科目都是新增二级科目，而坏账准备是一级科目。我只得又东看看、西找找，看哪里还有其他增加科目的按钮。

结果，我发现在页面的右上角还有一个“新增”按钮（如图6.9所示）。

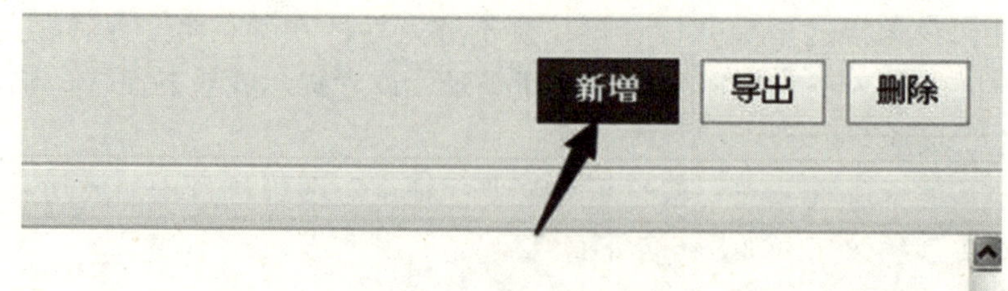

图6.9 新增一级科目

点击进去后，系统要求我输入科目编码，我才想起刚才创建账套时使用的是2013版最新小企业会计准则，而我那个公司使用的是企业会计准则。

其实，小企业会计准则和企业会计准则的原理都一样，只是业务有点区别，比如，小企业会计准则不要求计提坏账准备，而企业会计准则要求计提坏账准备。

不过没有关系，直接增加一个科目就好了，我现在的重心是了解这个软件的使用，因此无需纠结小企业会计准则和企业会计准则的选用问题（如图6.10所示）。

新增资产类科目 ×

科目编码 1141

科目名称 坏账准备

上级科目 无上级科目

科目类别 流动资产

余额方向 ○ 借 ⊙ 贷

□ 辅助核算

□ 数量核算

□ 外币核算

保存 关闭

图6.10 新增“坏账准备”科目

当我一股脑地把期初余额数据录入完成后，才发现一个问题，往来明细、原材料明细和库存商品明细数据录入到哪呢？

“应收账款”科目的余额应该等于应收账款各个明细科目余额之和（如图6.11所示），因此应该先录入明细科目余额，系统会自动汇总得出应收账款的余额，“原材料”和“库存商品”科目也是一样。

往来账款主要明细表

单位：元

会计科目	客户/供应商名称	期初账面余额
应收账款	北京迪康医疗设备有限公司	100000
应收账款	重庆健心医疗设备有限公司	37400
应收账款	北京康福医疗设备有限公司	12000
预收账款	常州静安医疗设备有限公司	1000000
应付账款	深圳蓝莓电子设计研发中心	500000
预付账款	深圳中天电子设计研究院	170000

图6.11　往来账款主要明细表

于是，我删除了应收账款的余额，然后新增应收账款的明细科目（如图6.12所示）。

1122	应收账款	借	149 400.00
112201	北京迪康医疗设备有限公司	借	100 000.00
112202	重庆健心医疗设备有限公司	借	37 400.00
112203	北京康福医疗设备有限公司	借	12 000.00
1123	预付账款	借	170 000.00
112301	深圳中天电子设计研究院	借	170 000.00
220201	深圳蓝莓电子设计研发中心	贷	500 000.00
2203	预收账款	贷	1 000 000.00
220301	常州静安医疗设备有限公司	贷	1 000 000.00
2211	应付职工薪酬	贷	

图6.12　新增应收账款明细科目

对于“原材料”和“库存商品”科目，在增加其明细科目时应启用数量核算（如图6.13、图6.14所示）。

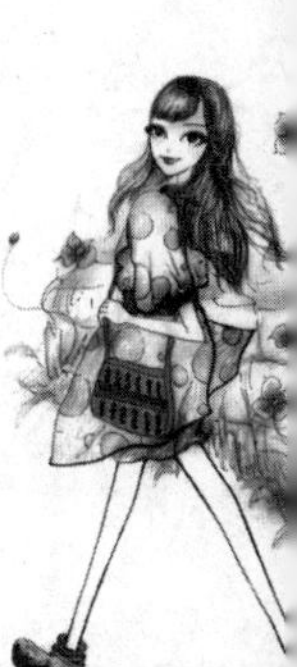

新增下级科目 ×

科目编码 140301

科目名称 主控单元件

上级科目 1403 原材料

科目类别 流动资产

余额方向 ◉ 借 ○ 贷

☐ 辅助核算

☑ 数量核算 计量单位 个

☐ 外币核算

保存 关闭

图 6.13 新增原材料、库存商品明细科目并启用数量核算

				1403	原材料	流动资产	借	
☐	+	✎	×	140301	主控单元件	流动资产	借	个
☐	+	✎	×	140302	钛合金	流动资产	借	毫克
☐	+	✎	×	140303	无线通信单元件	流动资产	借	个
☐	+	✎	×	1404	材料成本差异	流动资产	借	
☐	+	✎	×	1405	库存商品	流动资产	借	
☐	+	✎	×	140501	可充电迷走神经刺激器	流动资产	借	个
☐	+	✎	×	140502	不可充电迷走神经刺激器	流动资产	借	个

图 6.14 已启用数量核算后的结果

其实，对于往来科目可以直接启用辅助核算。

但是，我不想搞得那么复杂了。

饭得一口一口吃，步子得一步一步迈。

不管是研发一个软件，还是学习一个软件，首先得让主流程走得通。也就是说，先把主要功能实现，然后再研究使用技巧。要有全局观，开始的时候不要过于纠结一些细枝末节。

因此，熟悉一个财务软件，第一步就是用这个软件，以最简单的方法、最快的速度把整个财务流程走一遍，然后再慢慢研究其他功能。

研发一个财务软件也是一样，首先得实现基本功能，也就是说，首先你得让人把一盘账做出来，然后在此基础上细化，根据用户的需求细化其功能。比如，用户的期初余额太多，一个一个录入太麻烦、太痛苦，于是你就设计一个模板，让用户直接导入。

多给几条路，你想怎么走就怎么走，但是你不能同时走多条路，而只能选择其中一条路来走。

新增完所有明细科目后，我继续录入原材料和库存商品的期初余额数据（如图6.15所示）。

1403	原材料	借	26 000	2 900 000.00
140301	主控单元件	借	15 000	1 500 000.00
140302	钛合金	借	8 000	800 000.00
140303	无线通信单元件	借	3 000	600 000.00
1404	材料成本差异	借		
1405	库存商品	借	3 500	1 740 000.00
140501	可充电迷走神经刺激器	借	2 000	240 000.00
140502	不可充电迷走神经刺激器	借	1 500	1 500 000.00
1407	商品进销差价	借		

图6.15　原材料和库存商品的期初余额数据

当我把所有的期初余额数据录入完毕后，我点击右上角的“试算平衡”按钮，进行试算平衡检查（如图6.16所示）。

图6.16　试算平衡

系统试算结束后提示我初始余额不平衡，让我仔细核对资产负债表和利润表（如图6.17所示）。

试算平衡检查

您录入的初始余额不平衡，请仔细核对「资产负债表」与「利润表」！

项目	借方金额	贷方金额	差额
期初余额（综合本位币）	15941946.06	18101946.06	-2160000
累计发生额（综合本位币）	0	0	0

图6.17　试算平衡检查结果(一)

于是，我开始寻找报表按钮，点开资产负债表。

这时系统提示我：资产负债表不平，请检查账务处理、报表项目公式设置；财务初始余额不平衡，可通过财务初始余额修改；您有未设置报表项目的科目：1141坏账准备（如图6.18所示）。

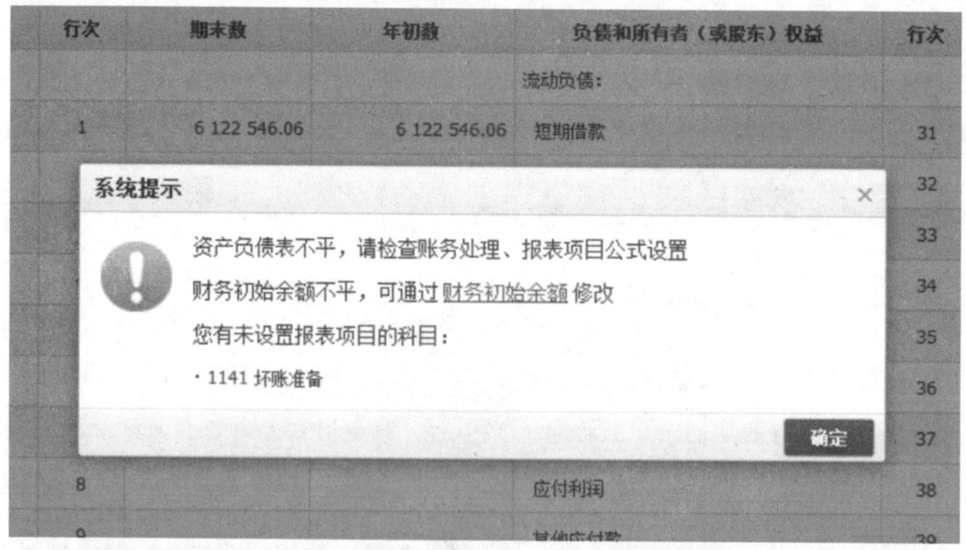

图6.18　资产负债表试算平衡检查系统信息提示(一)

我想起来了，这个报表的公式设置没有考虑坏账准备这个科目。坏账准备是应收账款的备抵项目，那么填报表的时候，要直接在应收账款中扣减。

那么怎样修改这个报表的公式呢？

于是，我用鼠标在这张报表上漫山遍野地跑，寻找修改公式的按钮。当我把鼠标移到应收账款旁边时，出现一个修改符号的按钮（如图6.19所示），于是我就点了进去（如图6.20所示）。

应收账款	5	149 400.00
预付账款	6	170 000.00
应收股利	7	

图6.19　编辑公式按钮

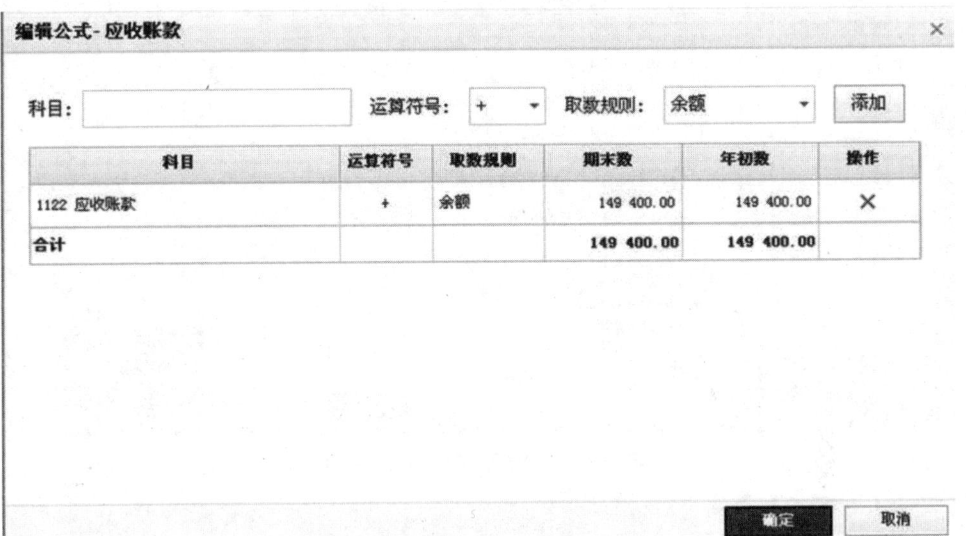

科目	运算符号	取数规则	期末数	年初数	操作
1122 应收账款	+	余额	149 400.00	149 400.00	×
合计			149 400.00	149 400.00	

图6.20　编辑公式——应收账款

那应该怎么修改呢？

我有点懵。

这时我看见了一个添加按钮，就点了进去（如图6.21所示）。

编辑公式-应收账款

请填写科目！

科目：　运算符号：+　取数规则：余额　添加

科目	运算符号	取数规则	期末数	年初数	操作
1122 应收账款	+	余额	149 400.00	149 400.00	×
合计			149 400.00	149 400.00	

图6.21　系统提示——请填写科目

系统提示我错误，让我填写科目。

我感觉有点明白了，是不是应该填写“坏账准备”科目，然后填写运算符号“-”，取数规则应该是“余额”（如图6.22、图6.23所示）？

因为，应收账款的余额是扣减了坏账准备余额后的金额。

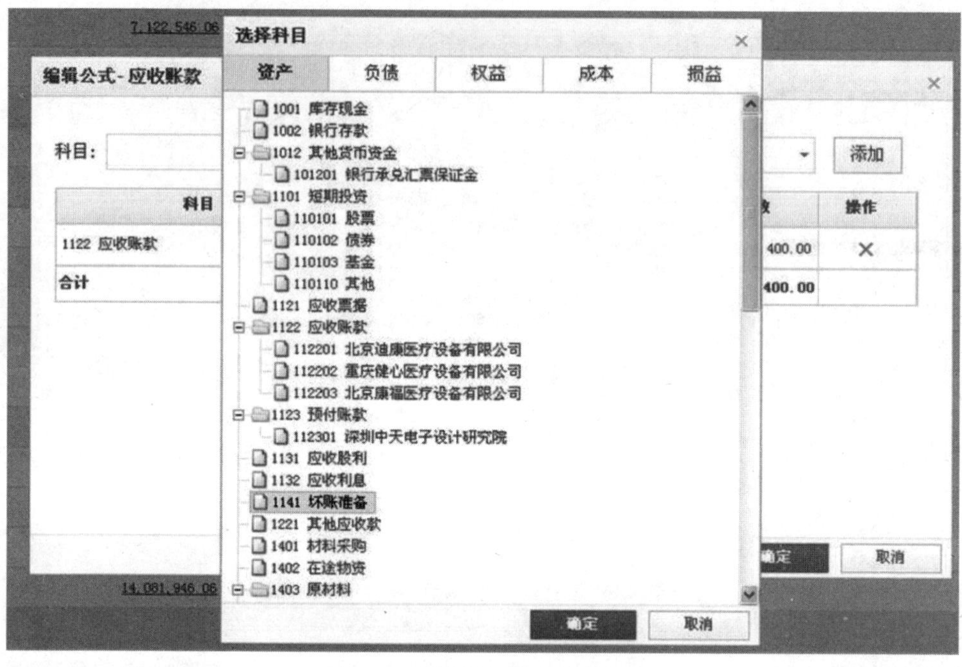

图 6.22 选择“坏账准备”科目

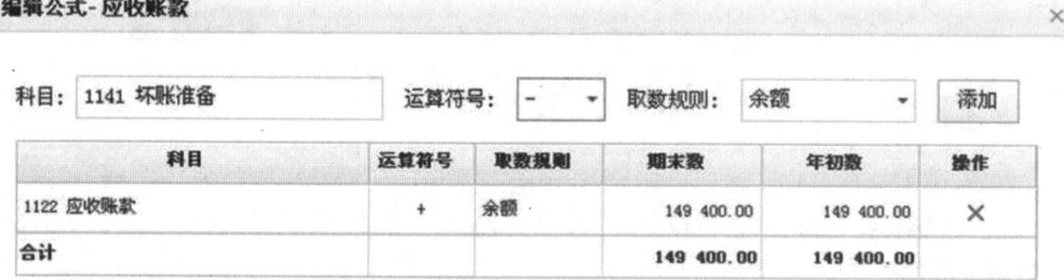

科目	运算符号	取数规则	期末数	年初数	操作
1122 应收账款	+	余额	149 400.00	149 400.00	×
合计			149 400.00	149 400.00	

图 6.23 选择运算符号和取数规则

然后，点击“添加”按钮，结果如图 6.24 所示。

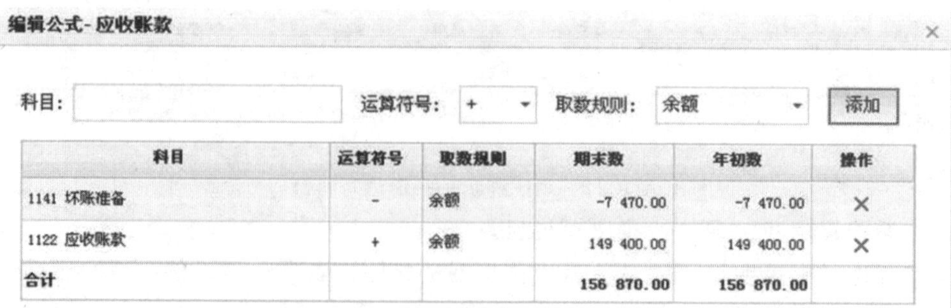

科目	运算符号	取数规则	期末数	年初数	操作
1141 坏账准备	-	余额	-7 470.00	-7 470.00	×
1122 应收账款	+	余额	149 400.00	149 400.00	×
合计			156 870.00	156 870.00	

图 6.24 应收账款项目公式设置结果

我突然发现数据不对。

应收账款余额是149 400元，坏账准备余额是7 470元，那么相减后的余额应该是141 930元。

我想起来了，坏账准备是应收账款的备抵科目，它的余额方向是贷方，所以其余额自然是负数，由于已经考虑了方向问题，因此其运算符号应取加号。

难怪杜老师说，手工账很重要，手工账练习得越多，你就会越清楚数据之间的逻辑关系，那么学习财务软件的时候就会相对轻松多了。

就像电脑高手，你想要让他找出财务软件的问题，他也找不出来，因为他不懂财务，更不知道财务数据之间的逻辑关系。

于是我将刚才添加的错误信息删除掉，然后重新编辑公式，这样数据就对了（如图6.25、图6.26所示）。

编辑公式- 应收账款

科目： 运算符号： + 取数规则： 余额 添加

科目	运算符号	取数规则	期末数	年初数	操作
1141 坏账准备	-	余额	-7 470.00	-7 470.00	×
1122 应收账款	+	余额	149 400.00	149 400.00	×
合计			156 870.00	156 870.00	

图6.25 删除错误信息

编辑公式- 应收账款 ×

科目： 运算符号： + 取数规则： 余额 添加

科目	运算符号	取数规则	期末数	年初数	操作
1141 坏账准备	+	余额	-7 470.00	-7 470.00	×
1122 应收账款	+	余额	149 400.00	149 400.00	×
合计			141 930.00	141 930.00	

确定 取消

图6.26 重新编辑公式的结果

我重新回到初始余额录入界面，点击“试算平衡”，其结果如图6.27所示。

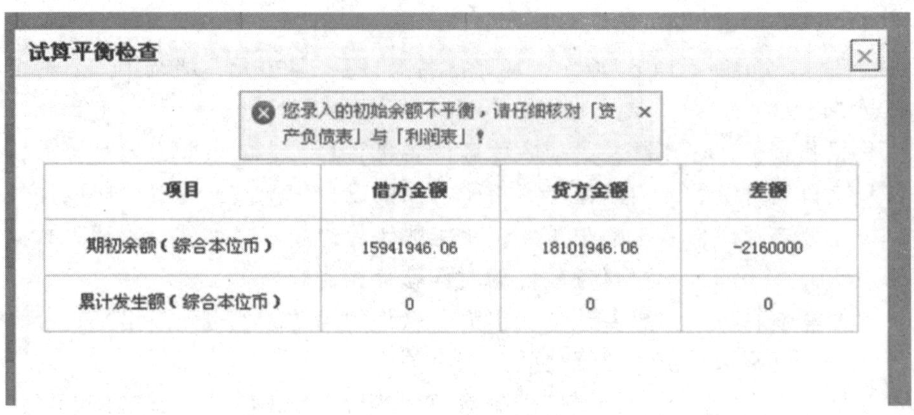

项目	借方金额	贷方金额	差额
期初余额（综合本位币）	15941946.06	18101946.06	-2160000
累计发生额（综合本位币）	0	0	0

图6.27　试算平衡检查结果(二)

系统的提示还是跟原来一样，我明明改了数据，为什么提示还是一样呢？

于是，我回到资产负债表，点击“刷新”。

系统提示我初始余额不平（如图6.28所示），但是已经没有关于坏账准备这个科目的提示了。于是，我只好拿来手工做的资产负债表逐一进行核对（注：报表可以参考《小艾上班记6》）。

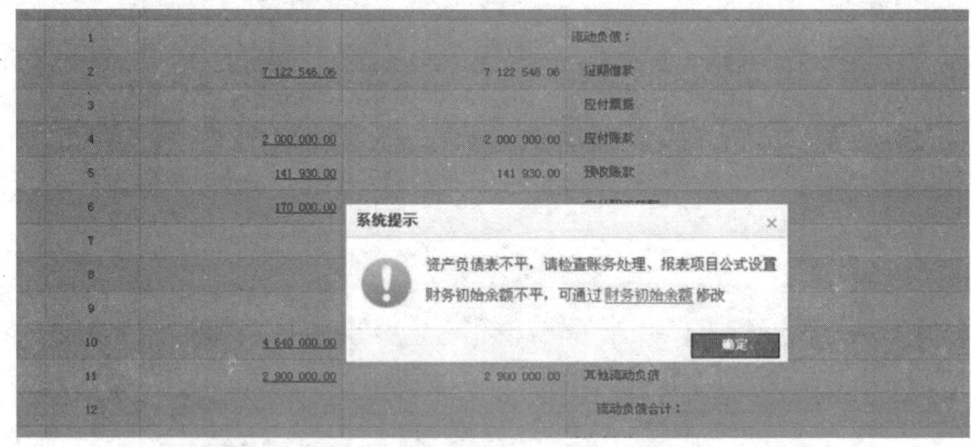

图6.28　资产负债表试算平衡检查系统信息提示(二)

核对到存货项目的时候，我发现不对，正确的数字明明是6 800 000元，这里怎么会是4 640 000元（如图6.29所示）？

存货	10	4 640 000.00	4 640 000.00
其中：原材料	11	2 900 000.00	2 900 000.00
在产品	12		
库存商品	13	1 740 000.00	1 740 000.00
周转材料	14		

图6.29　存货余额

于是我开始核对存货项目明细，原材料余额是2 900 000元，没错；库存商品的余额有问题。

所以我返回初始余额录入界面，结果发现可充电迷走神经刺激器这个明细项目的余额少录入一个0。修改后（如图6.30所示），我重新刷新资产负债表，这次系统没有提示我错误了。

1405	库存商品	借	3 500	1 740 000.00
140501	可充电迷走神经刺激器	借	2 000	240 000.00
140502	不可充电迷走神经刺激器	借	1 500	1 500 000.00

图6.30 修改后的可充电迷走神经刺激器明细项目余额

我再次点击试算平衡按钮。

哈哈，终于平了（如图6.31所示）。

试算平衡检查

恭喜您，您录入的初始余额平衡！

项目	借方金额	贷方金额	差额
期初余额（综合本位币）	18101946.06	18101946.06	0
累计发生额（综合本位币）	0	0	0

图6.31 试算平衡检查结果(三)

终于大功告成了！

只要我不断地摸索，不断地东点点、西敲敲，不断地去折腾这个软件，我肯定会用它的，熟能生巧。

杜老师总是强调，优秀都是训练出来的，别迷信什么诀窍秘籍。

对此，我深有体会。

上中学的时候我也特别迷信所谓的秘诀、窍门之类的书，就跟一只快乐的小狗一样嗅着骨头的香味到处寻找，只要包含各种数字和“快速”、“捷径”、“必胜”、“窍门”、“秘诀”等字眼的书就是我的骨头，我都啃得津津有味，认真研读，涉猎广泛。什么“快速学习的8个秘诀”、“教你10天攻克几何难题”、“高速阅读理解必胜12式”、“每天只需5分钟，30天摆脱哑巴英语”……我居然都翻了个遍，一见到英语学得好的人我就凑过去笑嘻嘻地问他们：“你学习英语的秘诀是什么呀？”直到某一天，我再也不问别人这样的问题

了，因为我已经长大了，忽然明白了一切学习的窍门！

那就是没有秘诀，没有捷径，没有窍门，只有老老实实、脚踏实地不断付出努力。

所谓的秘诀也好，诀窍也罢，都是少花时间又做得好的意思。其实这种事情不是完全不存在，只是普遍不存在。我相信存在学习方法和技巧，这是一些人花了许多时间学习之后才摸索、总结出来的，但这些方法和技巧也许只针对他们自身有用，并不适用于所有人。学习方法和技巧也不是固定的，没有好坏，它往往因人而异，只要是对你有用的方法就是好的学习方法。婉晴就说，她在人很多的商场和地铁车厢里学习效果最佳，还美其名曰要与伟人一争高下(毛主席闹市读书)。楚帆在背英语单词的时候总是喜欢嚼口香糖，还说这样才记得又快又好。一个闺蜜，一个男友，我身边的两个奇葩。

所以最好的不一定是最适合的，最适合的才是最好的，别人的经验和方法可以用来参考，至于适不适合自己，那只有自己才知道。

男友与爱人

既然期初余额已经平衡了，那就可以开始录入凭证了。

我把手工账的会计凭证都拿了出来，然后开始一笔一笔地录入（如图7.1所示）。

保存并新增　保存　更多

凭证字 记　1 号　日期 2014-01-06　**记账凭证** 2014年第1期　附单据 0 张

摘要	会计科目	借方金额（亿千百十万千百十元角分）	贷方金额（亿千百十万千百十元角分）
销售给迪康公司可充电制激器	112201 应收账款_北京迪康医疗设备有限公司	351000000	
销售给迪康公司可充电制激器	5001 主营业务收入		300000000
销售给迪康公司可充电制激器	22210106 应交税费_应交增值税_销项税额		51000000
合计：叁佰伍拾壹万元整		351000000	351000000

制单人：可可

图7.1　录入记账凭证

在录入的过程中，你会发现一些使用技巧。比如，在录入摘要（如图7.2所示）的时候，不需要每行都录入，可以只录入一行，剩下的几行只要双击就自动带出来了。

凭证录入完毕后，点击“保存并新增”，系统自动保存，同时跳入新增界面，我可以继续新增凭证了。

新增第二笔凭证的时候，我发现应收账款明细科目中没有常州静安医疗设备有限公司。

于是我需要新增科目（如图7.3所示）。

图 7.2　录入摘要

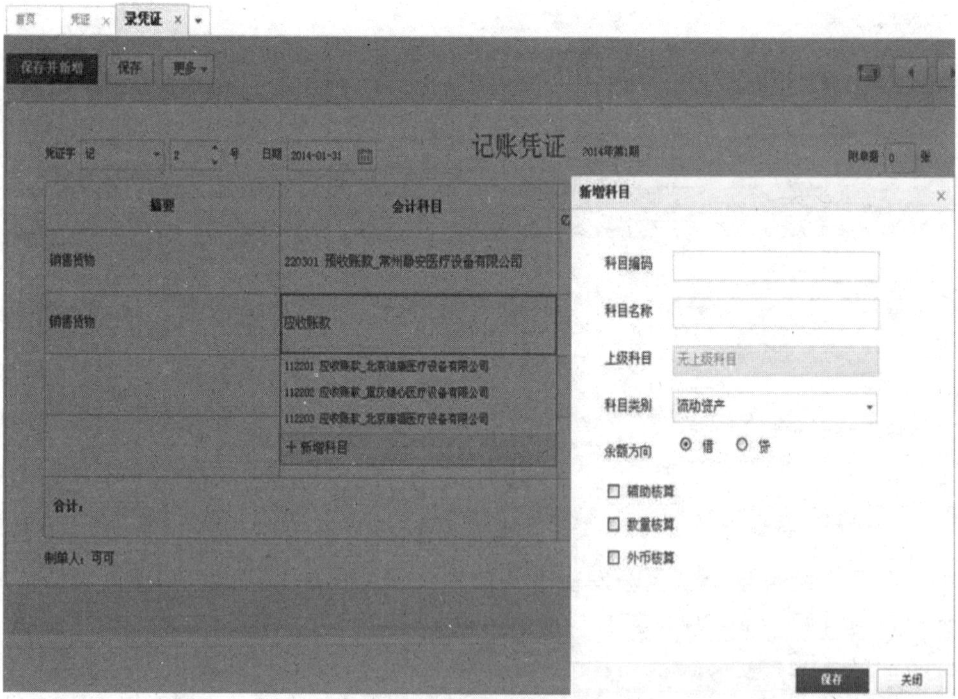

图 7.3　新增科目

点击“新增科目”后，我感觉只能增加一级科目，不能增加明细科目。因为“上级科目”这一栏显示“无上级科目”，且是灰色的，不能修改。

但是当我在“科目编码”一栏中输入“112204”的时候，“上级科目”一栏自动变成了“应收账款”（如图 7.4 所示）。

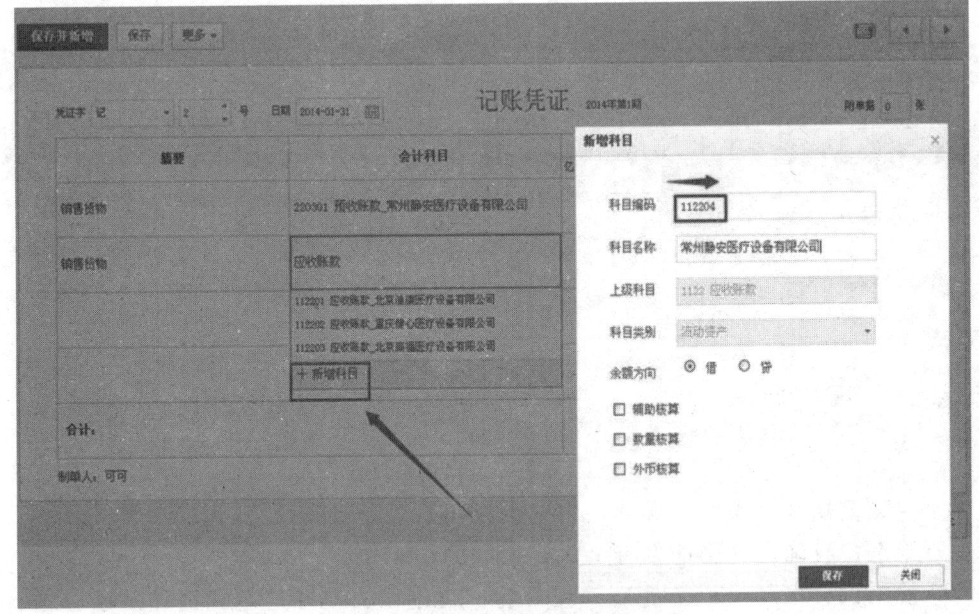

图7.4 新增应收账款明细科目

在输入科目的时候，你可以输入科目编码，也可以直接输入会计科目名称，然后系统会自动带出对应的会计科目供你选择。

在输入“主营业务收入”的时候，我突然想起第一笔分录没有录入收入明细科目，于是我返回到第一笔凭证，首先删除那笔分录，然后再增加一笔分录（如图7.5所示）。

凭证字 记 1 号 日期 2014-1-6 **记账凭证** 2014年第1期 附单据 2 张

摘要	会计科目	借方金额	贷方金额
销售给迪康公司可充电刺激器	112201 应收账款_北京迪康医疗设备有限公司	351000000	
销售给迪康公司可充电刺激器			
销售给迪康公司可充电刺激器	22210106 应交税费_应交增值税_销项税额		5100000
合计：		351000000	5100000

删除分录

图7.5 删除分录

在录入“主营业务收入”的时候，因为没有主营业务收入的明细科目，我只好新增，但是当我点击“新增科目”按钮的时候，系统却没有反应，我怎么点都没有反应（如图7.6所示）。

凭证字 记 1 号 日期 2014-1-6 **记账凭证** 2014年第1期 附单据

摘要	会计科目	借方金额	贷方金额
		亿千百十万千百十元角分	亿千百十万千百十元
销售给迪康公司可充电制激器	112201 应收账款_北京迪康医疗设备有限公司	351000000	
销售给迪康公司可充电制激器	主营业务		
销售给迪康公司可充电制激器	5001 主营业务收入 5401 主营业务成本		510000
	+ 新增科目		
合计：		351000000	510000

图 7.6　点击新增科目无反应

我又重复这个操作，继续点击这个按钮，还是没有反应。

于是，我确定这个地方有个无伤大雅的小 BUG。

就是说，在新增一笔凭证并保存后，再返回去删除这笔凭证的某条分录，然后在此基础上增加一条分录的时候，再点击“新增科目”按钮，此时这个按钮是没有反应的。

这也怨不得研发哥哥，他也没想到我会如此折腾这个软件。

不过，话又说回来，如果我是他们研发中心的质检人员，我是不会让他通过质检的。

正当我在胡思乱想的时候，电话突然响了，有快递，要我下楼去拿，早不来，晚不来，这个时候送过来。我只好手忙脚乱地脱掉睡衣，换上衣裤，出去拿快递。

等我把快递拿回来的时候，发现钥匙忘带出来了。

这下我着急了。

我拿起手机下意识地拨了楚帆的电话，突然觉得不对，我应该拨给婉晴才对啊，婉晴离我近，跟我一个小区，突然觉得也不对，她又没钥匙，也帮不了我啊。

正当我脑子短路的时候，电梯门开了。

一看竟然是“Dsquare 牛仔裤”。

“你住这？”她问道。

“你也住这？”

“呵呵，是的，你怎么不进去啊。”

“我钥匙落在里面了。”

“找房东啊！”

“找房东也没有用，我把钥匙换了。”

“这样啊，那你怎么办呢？要不，你来我家借宿一宿，明天找个锁匠把门给撬了。”

“不好吧。”

“没关系，我一个人住。”

“我今天看你跟朋友吃饭，是你男朋友吧。”

“不，我的爱人！”

爱人？爱人跟男友有区别吗？好像是有。爱人应该是结婚了吧，那结婚了，为什么她一个人住呢？

由于工作等原因分居？

也不对啊，中午明明看见他们在一起吃饭呀。

有问题，不合逻辑。

我知道我又开始犯职业病了，在我们审计行业有一句口头禅：不 re。“不 re”是“notreasonable”的简称，也就是不合理，不符合常识。审计师的职责就是检查财务报表的真实性和合理性，为了防止上当受骗，审计师需要仔细推敲公司管理当局的每一种说法是否合理，这是他们的一种职业习惯。

举一个简单的例子。管理当局会说：“今年收入增长了50%，是因为销售数量增长了50%。”我们一看报表：“不对啊，成本明明下降了20%啊，期末存货也比上年年底要多。而且也没听说有什么技术进步能让单位成本大幅下降，所以成本下降只能是因为生产数量在下降，这和销售数量增长不是自相矛盾吗？”

这个例子正印证了一句老话：“说谎话容易，把谎话说圆却很难。”为了把一句谎话编圆，你需要修改很多相关的地方，而且还不一定修改得圆满。审计师就是通过寻找会计资料当中不正常、不合理的蛛丝马迹，从各个角度向公司提出一连串的问题，像猎犬一样刨啊刨，从而把公司隐瞒、编造的事情挖出来。

不过，尽管我疑惑重重，很想继续问下去，但还是理智地打住了。

打破沙锅问到底，直到谎话彻底败露，在做审计时确实需要这样，但是在生活中也这样就会经常闹得不欢而散。

比如，我个儿不够高，腿不够长，有时我会对楚帆说，你是不是很喜欢长腿女孩。我相信他的确觉得长腿女人更具魅力，那些有着魔鬼身材的模特谁不喜欢，但是他不会这么说，他会说：“如果我想找个高个儿的，我早就找了，干嘛还花费这么大的力气追你啊，我喜欢小巧玲珑的。”

如果我硬是找出各种证据证明他说谎，那就等着吵架吧。身材不够高是天生的，弥补不了，这是很多人内心深处无法摆脱的遗憾，但是金无足赤，人无完人，谁能十全十美呢？

还不如开心甜蜜地微笑，反正我听到了我想听的话。

正当我发愣之际，她热情地把我拉进家里。

“我今天在那个什么佰斯特会计培训班看见你了。”

“是吗？我怎么没看见你。”

“我没进去，你是在那上班吗？”

“没有，我是帮人忙。”

“我也有点想学会计，那个佰斯特会计培训班好吗？”

“好，要不然怎么会叫佰斯特呢？”

“佰斯特是好的意思吗？”

“不是好，best是最好。”

“这名字起得不错。”

“我没想到你竟然是我的邻居。”

“是呀，看来我们有缘，我住这好几年了，刚开始来的时候，房东……，对了，我知道怎样去拿你的钥匙了。”

“怎么拿？”

“从我这儿的天台爬过去。”

“是吗？”

“是的！”

“我们这的天台从屋顶是可以直接过去的，以前这其实是一套房子，后来房东不住就隔开了，上面装了个小门，用钥匙锁了，你可以让房东给你这个钥匙。”

我一听，赶紧打电话给房东，准备去拿钥匙。

房东住得不远，钥匙很快就到手了。

曼婷（“Dsquare牛仔裤”的名字）人如其名，身材就是曼妙，一下子就钻过去了，然后从里面打开我的房门，冲着我微笑。

事后，我打电话告诉楚帆，楚帆埋怨我，说我为什么不告诉他。我打电话给婉晴，婉晴却对这位许曼婷女士很感兴趣，大大地八卦了一番，这就是男友和闺蜜的区别。

我问婉晴，男友与爱人有什么区别。

婉晴想了半天，说：“男性朋友：可能是自己的蓝颜知己。

男朋友：可能是自己热恋中的恋人。

男友：就是过了热恋期，要和你谈婚论嫁的人。

情人：可能是两情相悦，和他在一起你能够获得肉体上的满足的男人。

老公：则是已经和你结婚，和你一起赚钱养家的那个人。

爱人：则是不但与你是夫妻关系，还有着深厚感情的那个人，也是你遇到问题第一个想到的人。

丈夫：就是与你有着夫妻之名却很少有夫妻之实，是与你各自经济独立的老公。

也许我分析得不对，可我的感觉就是这样。"

接着，她又说道："小艾你想干什么？"

"没干什么，只是随口问问。"

"随口问问？你是不是遇到什么难题了？"

"没有。"

"你不会是在想楚帆和杜老师谁更像爱人吧？"

"胡说。"

"小艾，我说真的，如果你觉得杜老师更适合你，你就跟楚帆分手，我支持你。"

"你胡说什么？"

"我是说真的，你不能因为害怕楚帆伤心，怕自己内疚就勉强自己。人不能将就。你看昨天有一则新闻，婚礼开场前，新娘驾车逃跑。新郎哭诉'这到底是怎么了？是嫌我穷吗？'姑娘开口：'不是为了钱，是没法沟通！我错就错在，以为年纪大了可以将就！'所以人不能将就。"

"现在很多人都喜欢将就自己，咳，人生不就是这样？将就着过下去就行了，工作不好，将就着吧，伴侣不满意，将就着吧……"

婉晴口若悬河、滔滔不绝地讲述她的观点，我知道，她中毒了，最近电视剧《何以笙箫默》热播，何以琛有句台词戳了很多人的心窝。他说："如果世界上有那个人出现过，那么其他人都会变成将就，而我不愿意将就。"

"小艾，你不要害怕，我支持你！"

"婉晴，你无不无聊，楚帆得罪你了吗，巴不得我踹了他？"

"噢，你没这意向啊？"

"没有。"

"那你刚才问我男友与爱人有什么区别，什么意思啊？"

"没什么意思。"

"没意思你还问我。"

"不问了，挂电话，睡觉，晚安！"

"晚安！"

隐婚入职

早上很早我就起床去宝迪公司上班了，最近王俊远心情特别不好，别让他抓住什么把柄，撞在枪口上，再加上雅尼被解雇一事引起的纠纷，所以事情特别多。

事情的起因是这样的，雅尼当初应聘的时候故意隐瞒了自己已婚的事实，在招聘表上写的是未婚。在面试时，当面试官问及她有无婚史时，雅尼回答"无"。然后双方签订了3年期限的劳动合同，她的月薪为3 800元。前几个月，雅尼身体不适，去医院检查，结果被确诊为怀孕。公司得知此事后，决定解除与雅尼之间的劳动合同。

宝迪公司认为，雅尼的隐瞒行为存在两个严重过错和违法行为：一是雅尼隐瞒已婚史的行为属于法律上的欺诈行为，依照《中华人民共和国劳动合同法》（以下简称《劳动合同法》）第二十六条的规定，双方所签劳动合同无效，公司有权与其解除劳动合同；二是违反了公司规章制度与员工手册纪律规定，公司制度与员工手册均明确规定"员工入职时应当如实填写入职登记表，不得有任何隐瞒，否则公司有权解除劳动合同"。

雅尼是一个外表娇柔、内心却刚强的女人，她坚决不服，在双方协商无果的情形下，雅尼向劳动人事争议仲裁委员会提起仲裁。

我们都觉得是雅尼不对在先，这场官司肯定是雅尼输，可是结果却出人意料。仲裁委经审理后，依法支持了雅尼的请求，裁决撤销宝迪公司与雅尼解除劳动合同的决定，继续履行双方签订的劳动合同。

本来是雅尼有过错在先，而且她在应聘时隐瞒已婚史，属于法律上的欺诈行为，以欺诈行为订立的合同，应当属于无效合同，公司似乎有权予以解除，但却未得到法律的支持，王俊远郁闷至极。

同事们都猜测，雅尼是不是有强大的后台？后来我们才知道，不是雅尼有强大的后台，而是仲裁委员会这样仲裁是有法律依据的。

首先，公司招聘员工要求女性条件为未婚涉嫌性别歧视，《宪法》、《妇女权益保障法》、《就业促进法》都规定了妇女享有与男子平等的劳动和社会保障权。因此，公司招聘所设定的“女性未婚”的条件违反了法律规定，属于无效条款。那么，雅尼的隐瞒行为就不存在违法问题。

其次，《劳动合同法》明确规定，女职工在怀孕、生育、哺乳这“三期”内，用人单位不得解除劳动合同。国务院制定的《女职工劳动保护特别规定》更是明确规定：“用人单位不得因女职工怀孕、生育及哺乳降低其工资或予以辞退以及与其解除劳动合同或者聘用合同。”

最后，尽管雅尼在入职时未如实告知自己的婚姻状况，但远没有达到严重违反单位规章制度的程度，也未给单位造成经济损失，同样没有达到《劳动合同法》第三十九条规定的“严重违反用人单位的规章制度”的程度。

所以，宝迪公司单方解除与雅尼的劳动合同的行为不应得到法律的支持。

在真相大白后，同事们竟然欢呼。老板来了，大家一声不吭；老板走了，大家便开始议论纷纷，哪里有压迫，哪里就有反抗。王俊远的脸越来越黑，我也越来越小心，以免撞上枪口。

雅尼事件让公司员工都开始关注劳动法了，大家都在讨论。

采购部的王姐说：“劳动合同中无权约定女员工不得结婚，我有一个邻居是做导游的，跟一个旅游公司签订了为期5年的劳动合同。该合同中有一条规定，在合同期内，女性导游不得结婚，否则公司立刻解除劳动合同。我这邻居对劳动合同的具体内容没有细看，随手就签了字。去年年底，青春年少的她谈起了恋爱，在男友家里的催促下就结了婚。当旅游公司得知此事后，遂以其违反劳动合同规定为由，单方面解除了劳动合同。这邻居同旅游公司交涉未果，遂向当地劳动人事争议仲裁委员会提起仲裁，要求确认‘合同期内不得结婚’条款无效，双方应继续履行劳动合同。仲裁委员会经审理认为，此员工与旅游公司签订的劳动合同中‘合同期内不得结婚’条款，虽是双方自愿签订的，但实质上是对婚姻自由的变相干涉，不符合《婚姻法》的规定，属于无效条款。但某一条款的无效，并不影响劳动合同其余条款的效力。仲裁委员会裁定双方签订的劳动合同中‘合同期内不得结婚’条款无效，双方应重新签订合法有效的劳动合同，期限不得少于原劳动合同。”

行政部的李姐则说：“女职工怀孕期间内，即使合同期满企业也不能终止劳动合同。我有一个朋友应聘至某建筑公司，从事会计工作，双方签订了为期3年的劳动合同。去年年底，经医院检查发现其怀孕。今年1月初，公司以劳动合同期限已满不再续签合同为由，通知我朋友终止劳动合同。我朋友多次与公司交涉未果，遂向当地劳动人事争议仲裁委员会申请仲裁，要求撤销企业终止劳动合同的决定。

该公司辩称，因劳动合同期满，企业不再与她续签合同，所以可以终止劳动合同，对她提出的要求不予同意。仲裁委员会经审理认为，女职工在孕期、产期、哺乳期内的劳动权益是受到法律保护的，用人单位不得解除劳动合同。即使劳动合同期满，企业也不得终止劳动合同，必须延续至哺乳期满。《劳动合同法》好像有条规定，劳动合同期满，有本法第××条规定情形之一的，劳动合同应当续延至相应的情形消失时终止。而这些规定的情形是：女职工在孕期、产期、哺乳期内，用人单位不得与劳动者解除劳动合同。同样，女职工在孕期、产期、哺乳期内，用人单位不得与女职工终止劳动合同，用人单位应顺延其劳动合同期限至哺乳期满。最终，仲裁委员会裁决撤销该公司终止劳动合同的决定，双方恢复劳动关系，继续履行劳动合同。”

听着大家的讨论，我只是感叹做人难，做女人更难，职场女性真不容易，你要想脱颖而出，你得付出双倍的努力。真希望自己到了结婚生子的年龄能不受公司的约束，能自己掌握自己的命运。

我快速地完成工作相关内容，然后继续学习财务软件。

我登录网站，准备继续录入凭证。一般情况下，使用财务软件记账，完成初始化并录入凭证结束后，报表就自动出来了。

可是，我怎么也登录不了，系统一直提示我网络连接错误（如图8.1所示）。难道是我的网络出问题了，没有啊，我可以上网。

图8.1　系统信息提示——网络连接错误

难道是浏览器的问题?接着，我立马换了个浏览器，发现可以登录了，看来，设计这个软件的人没有考虑用户使用的所有浏览器类型。

我接着录入凭证，当我录入“销售费用——运费”这一科目的时候，发现没有“运费”这个明细科目，我下拉到最后还是没有（如图8.2所示）。

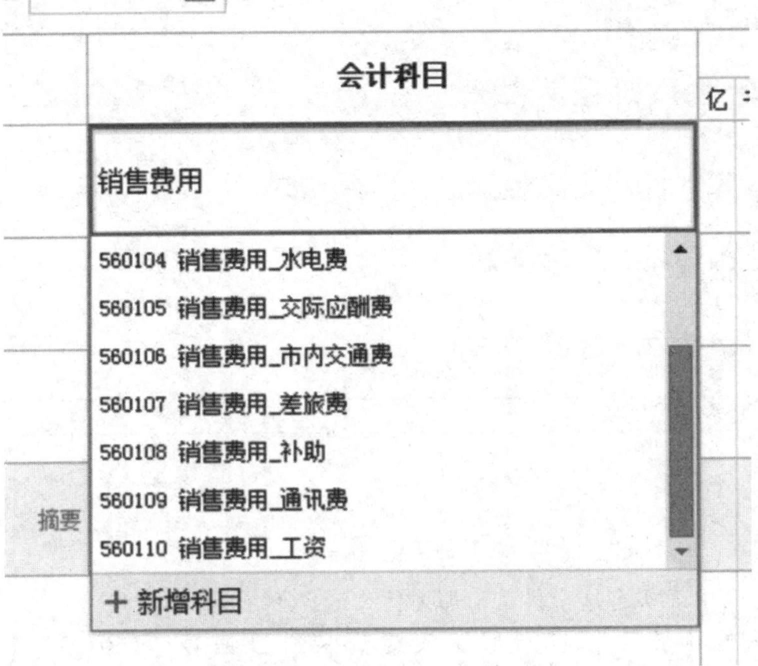

图8.2　系统内销售费用明细科目

可是，我记得我已经新增过这个科目了。于是我返回查询，看科目表中是否有这个科目（如图8.3、图8.4所示）。

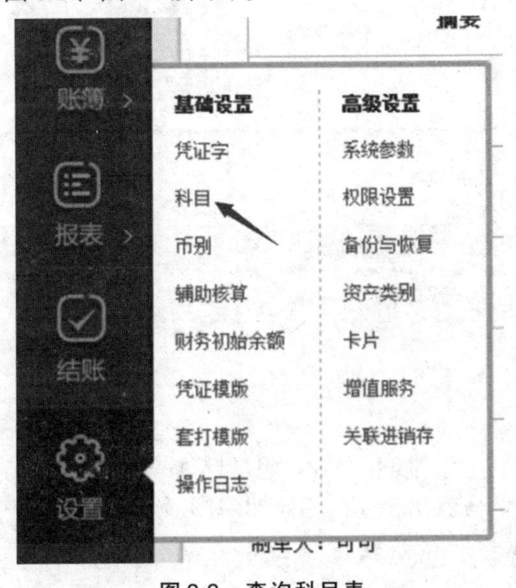

图8.3　查询科目表

类别 | 资产 | 负债 | 权益 | 成本 | 损益

	操作	编码	名称	类别	余额方向	数量
	+ ✎ ×	560107	差旅费	期间费用	借	
	+ ✎ ×	560108	补助	期间费用	借	
	+ ✎ ×	560109	通讯费	期间费用	借	
	+ ✎ ×	560110	工资	期间费用	借	
	+ ✎ ×	560111	佣金	期间费用	借	
	+ ✎ ×	560112	保险金	期间费用	借	
	+ ✎ ×	560113	福利费	期间费用	借	
	+ ✎ ×	560114	累计折旧	期间费用	借	
	+ ✎ ×	560115	商品维修费	期间费用	借	
	+ ✎ ×	560116	广告和业务宣传费	期间费用	借	
	+ ✎ ×	560117	运费	期间费用	借	
	+ ✎ ×	560199	其他	期间费用	借	
	+ ✎ ×	5602	管理费用	期间费用	借	

图 8.4　科目表

科目表中确实有这个科目，那为什么选择不了呢？

我只好不输入销售费用，改为输入科目编号“560117”（如图 8.5 所示）。

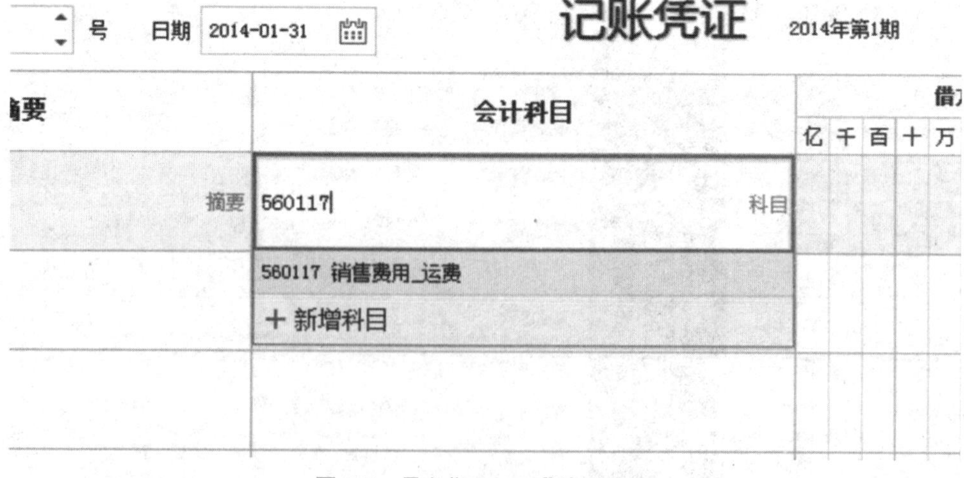

图 8.5　录入“560117”科目编号

此时这个科目立马就出来了，我觉得财务软件的这个地方又有一个瑕疵。

我突然感觉自己是在做软件测试，其实，测试是学习财务软件的最好途径。

在录入凭证的时候，我们会习惯于用回车键，光标会自动根据科目的属性跳入借方金额或贷方金额，同时，光标在跳入摘要的时候会自动带出上一条分录的摘要（如图8.6所示），我感觉这里设计得比较人性化。

凭证字 记 6 号 日期 2014-01-31 **记账凭证** 2014年第1期

摘要	会计科目	数量	借方金额										
			亿	千	百	十	万	千	百	十	元	角	分
结转材料成本 摘要	5402 其他业务成本 科目 余额						3	0	0	4	8	0	0
结转材料成本													

图8.6　按回车键后系统自动带出上一条分录的摘要

当我把原材料的数量和单价录入完毕后，系统自动带出金额，但显然金额方向不对（如图8.7所示）。

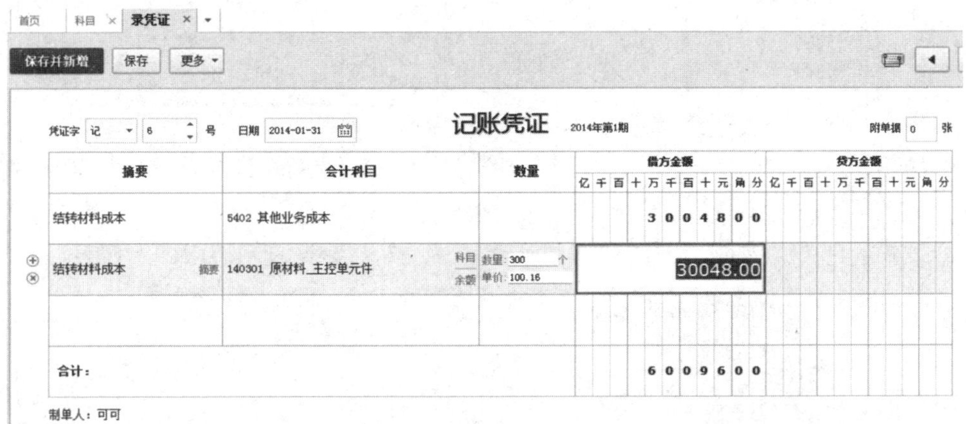

首页　科目　录凭证

保存并新增　保存　更多

凭证字 记 6 号 日期 2014-01-31 **记账凭证** 2014年第1期 附单据 0 张

摘要	会计科目	数量	借方金额	贷方金额
结转材料成本	5402 其他业务成本		3004800	
结转材料成本 摘要	140301 原材料_主控单元件 科目 余额	数量: 300 个 单价: 100.16	30048.00	
合计：			6009600	

制单人：可可

图8.7　原材料金额方向错误

我的第一反应是删除错误方向的金额，然后继续回车，跳入下一个输入框，输入金额30 048元（如图8.8所示）。

-01-31 **记账凭证** 2014年第1期 附单据 0 张

会计科目	数量	借方金额											贷方金额										
		亿	千	百	十	万	千	百	十	元	角	分	亿	千	百	十	万	千	百	十	元	角	分
务成本						3	0	0	4	8	0	0											
料_主控单元件	数量: 300 个 单价: 100.16																						
						3	0	0	4	8	0	0											

图8.8　输入原材料贷方金额

我还发现了系统中的一个巧妙功能，就是不用输入数字而直接按“=”键，系统就自动填入正确的金额了。就这么一个小小的技巧，我竟然高兴了好一会儿，为自己的发现而开心。

生活不缺少美，而是缺少发现。财务软件也不难学，只不过是一个游戏，没事东点点、西点点，你也会乐在其中。

接着，在我录入“固定资产——乙机床”这个科目时发现没有其明细科目，点击“新增科目”又没有反应了（如图8.9所示）。

凭证字 记 7 号 日期 2014-01-31 记账凭证 2014年

摘要	会计科目
销售旧设备	1606 固定资产清理
销售旧设备	1602 累计折旧
销售旧设备	1601
	1601 固定资产 + 新增科目

图 8.9　无法新增固定资产明细科目

于是我只好又换了个浏览器，结果一试又可以新增了（如图8.10所示）。

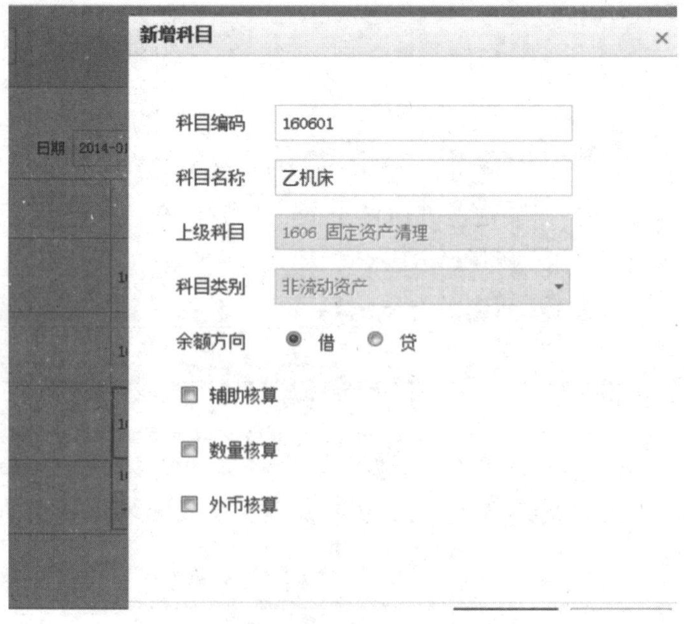

图 8.10　新增固定资产明细科目

于是，我得出结论：

这个财务软件在百度浏览器中根本就打不开，在搜狗浏览器中不能在录入凭证的时候新增科目，在360浏览器中还比较正常。看来研发这个软件的人习惯使用360浏览器。哈哈哈！

看来在线财务软件也不好做，每一个细小的功能都要考虑所有的浏览器。

当录入到第10笔分录的时候，我突然发现前面新增科目的时候做错了，我本来是想新增“固定资产——乙机床”科目，结果却新增了“固定资产清理——乙机床”科目。

于是，我重新新增了“固定资产——乙机床”科目，并且打算把“固定资产清理——乙机床”这个科目删掉，但是系统不允许我删除（如图8.11所示）。

首页　录凭证 ×　科目 ×

类别　资产　负债　权益　成本　损益　　[160601]科目已被凭证使用，不能删除 ×

操作	编码	名称	类别
+ ✎ ×	160402	安装工程	非流动资产
+ ✎ ×	160403	技术改造工程	非流动资产
+ ✎ ×	160404	其他支出	非流动资产
+ ✎ ×	1605	工程物资	非流动资产
+ ✎ ×	1606	固定资产清理	非流动资产
+ ✎ ×	160601	乙机床	非流动资产

图8.11　不能删除已被使用的科目

意思就是，已经被使用的科目是不允许删除的。

要想删除已被使用的科目，只能先删除相关的会计分录。

于是我点击“查凭证”这个按钮，把我做的所有凭证都调了出来（如图8.12所示）。

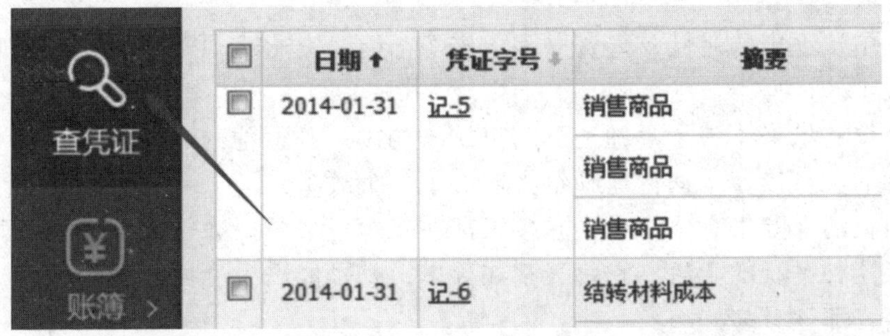

图8.12　查询凭证

结果发现有几笔凭证录入错误（如图8.13所示）。

☐	2014-01-31	记-7	销售旧设备	160601 固定资产清理_乙机床	90 000.00	
			销售旧设备	1602 累计折旧	60 000.00	
			销售旧设备	160601 固定资产清理_乙机床		150 000.
☐	2014-01-31	记-8	销售旧设备	112206 应收账款_北京安福医疗设备有限公司	104 000.00	
			销售旧设备	160601 固定资产清理_乙机床		104 000.
☐	2014-01-31	记-9	销售旧设备	160601 固定资产清理_乙机床	2 000.00	
			销售旧设备	222102 应交税费_未交增值税		2 000.

图8.13　录入错误的记账凭证

连这种低级错误都犯，我为自己感到汗颜，也不知道刚才想什么去了。

我刚刚猜测研发这个软件的人习惯使用360浏览器，顺便想象一下他会长什么样子。

现在我只有两种选择：一种是把所有会计分录删除，然后删除“固定资产清理——乙机床”这个科目，再重新来过。另一种是选择修改，把“固定资产清理——乙机床”科目全部改成其他科目，这样“固定资产清理——乙机床”这个科目就没有被使用，应该可以删除了。删除这个科目后，再把错误的会计分录修改成正确的会计分录（如图8.14所示）。

☐	2014-01-31	记-7	销售旧设备	160601 固定资产清理_乙机床	90 000.00		可可	未审核	修改 删除
			销售旧设备	1602 累计折旧	60 000.00				
			销售旧设备	160601 固定资产清理_乙机床		150 000.00			
☐	2014-01-31	记-8	销售旧设备	112206 应收账款_北京安福医疗设备有限公司	104 000.00		可可	未审核	修改 删除
			销售旧设备	160601 固定资产清理_乙机床		104 000.00			
☐	2014-01-31	记-9	销售旧设备	160601 固定资产清理_乙机床	2 000.00		可可	未审核	修改 删除
			销售旧设备	222102 应交税费_未交增值税		2 000.00			

图8.14　修改或删除会计分录

我选择了第二种方案。

现在终于可以正常删除“固定资产清理——乙机床”这个科目了（如图8.15所示）。

下午快下班的时候，人资（人力资源部门）突然通知开会。我赶紧把财务软件关了。

会议室里来了一个不知道从哪里请来的内训师，他的PPT页面上有一头驮着佛像的驴。接着，这位老师给大家讲了一个故事。

山上的寺院里有一头驴，它每天都在磨房里辛苦拉磨，天长日久，驴渐渐厌倦了这种平淡的生活。它每天都在寻思，要是能出去见见外面的世界，而不用拉磨，那该有多好啊！

不久，机会终于来了，有个僧人带着驴下山去驮东西，它兴奋不已。

负债 | 权益 | 成本 | 损益

操作成功 ×

编码	名称	类别
160401	建筑工程	非流动资产
160402	安装工程	非流动资产
160403	技术改造工程	非流动资产
160404	其他支出	非流动资产
1605	工程物资	非流动资产
1606	固定资产清理	非流动资产

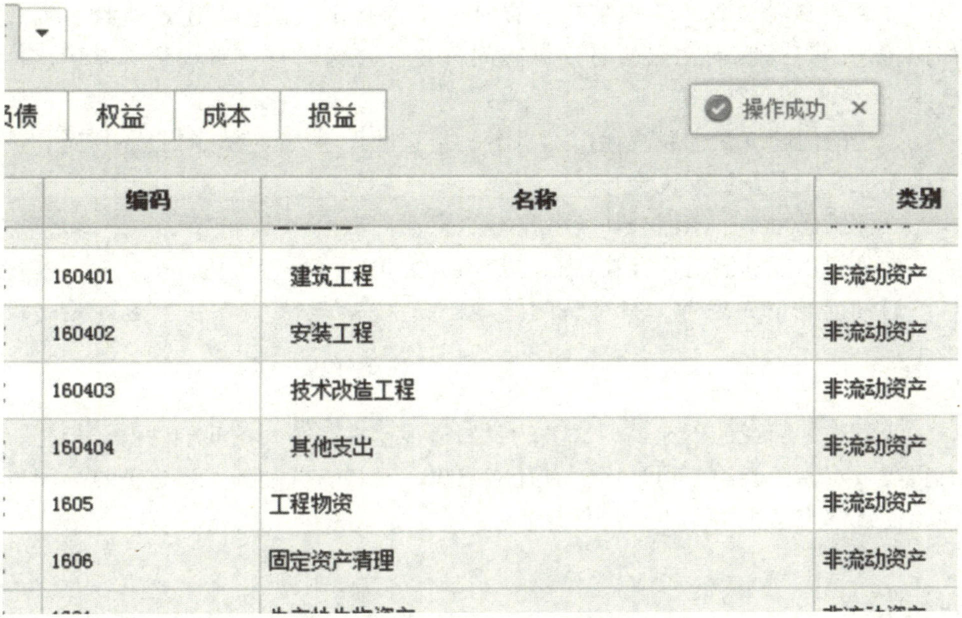

图8.15　成功删除“固定资产清理——乙机床”科目

来到山下，僧人把东西放在驴背上，然后返回寺院。没想到，路上的行人在看到驴时都虔诚地跪在两旁，对它顶礼膜拜。

一开始，驴大惑不解，不知道人们为何要对自己叩头跪拜，所以慌忙躲闪。可一路上都是如此，驴不禁飘飘然起来，心想：“原来人们如此崇拜我。”当它再看见有人路过时，就会趾高气扬地停在马路中间，心安理得地接受人们的跪拜。

回到寺院里，驴认为自己身份高贵，死活也不肯拉磨了。

僧人无奈，只好放它下山。

驴刚下山，就远远看见一伙人敲锣打鼓地迎面而来，心想：“一定是人们前来欢迎我。”于是，它大摇大摆地站在马路中间。那是一队迎亲的队伍，却被一头驴拦住了去路，人们愤怒不已，棍棒交加……驴仓皇逃回到寺里，它已经奄奄一息，临死前，它愤愤地告诉僧人：“原来人心险恶啊，在第一次下山时，人们对我顶礼膜拜，可是今天他们竟对我狠下毒手。”

僧人叹息一声：“果真是一头蠢驴！那天，人们跪拜的是你背上驮的佛像啊。”

然后，大家分组讨论这个故事说明了什么。

最后，老师给大家总结。

人生最大的不幸，就是一辈子不认识自己。有时，离开平台，自己什么都不是！

有时我是我，有时我不是我，有时认识自己比认识世界还难。我们每天都照镜子，但是我们在照的时候，有问过自己一句话吗？那就是“你认识自己吗？”

公司的问题就是你脱颖而出的机会，抱怨和埋怨公司就是打自己耳光、说自己无能，更是在放弃机会！

心怀感恩之心，感谢公司给你平台，感谢同事给你配合。

为公司创造利润是你存在的核心价值，公司不是慈善机构。

遇到问题请先思考，只反映问题是初级水平，思考并解决问题才是高级水平。

……

我觉得老师说的不无道理，虽然我知道他是在帮公司给我们洗脑，但是人总得积极点，天天跟公司过不去有什么意思，再说，我们的工资还要靠公司发呢，能认清自己也未免不是一件好事！

第9章 建账比较

曼婷去了杜老师的培训班学习会计，以前她一直在企业里做文秘，现在想转行学会计。用她的话说，文秘这职业感觉没什么技术含量，吃青春饭的，现在趁着年轻，还是学点什么，让自己有个一技之长。

我去培训班给杜老师打杂，趁着周末，挣点外快。这年头，物价一天天地上涨，而薪水总是纹丝不动，钱似乎总是不够花，早上拿着100元的红色钞票，中午就变成了50元的绿色钞票，下午就变成了20元的黄色钞票，到了晚上吃个快餐就变成了10元的蓝色钞票，路边买了个肉夹馍，就变成了5元的紫色钞票，最后变成了1元的青色钞票离我而去了（如图9.1所示）。

图9.1　人民币

杜老师今天讲的是建账，他讲得很细，每一个问题都讲两遍，用专业术语讲一遍，再用大白话再讲一遍，感觉他上课是双语教学，先说句英语，再翻译成中文。

例如：为什么建账？

用专业语言是这样说的：

《会计法》规定："各单位必须依法设置会计账簿，并保证其真实、完整。"这是修订后的《会计法》新增加的内容。

会计账簿是记录会计核算过程和结果的载体。设置会计账簿，是会计工作得以开展的基础环节。设置并有效利用会计账簿，才能进行会计资料的收集、整理、加工、存储和提供，才能连续、系统、全面、综合地反映单位的财务状况和经营成果，才能通过会计账簿所提供的信息来揭示在经济活动中存在的问题，寻找改善经营管理的对策。

依法设账问题，在我国的会计工作中实际上是一个比较薄弱的环节。由于企业依法经营的法制意识淡薄，一些单位不设账，或者账外设账，或者私设"小金库"，或者造假账等，以达到种种非法目的，严重损害了国家和社会公众利益，干扰了社会经济秩序，是法律所不允许的。

因此，《会计法》在总则中对依法设账的基本要求作出规定，说明依法设账的重要性。对依法设账的具体要求，在《会计法》的其他章以及国家统一的会计制度中都有相应的规定。

其实就一句话，公司成立了，你就必须建账，法律强制规定的。

会计人员均应根据核算工作的需要设置应用账簿，即平常所说的"建账"。

会计建账的基本程序是：

第一步：按照需用的各种账簿的格式要求，预备各种账页，并将活页的账页用账夹装订成册。

第二步：在账簿的"启用表"上，写明单位名称、账簿名称、册数、编号、起止页数、启用日期以及记账人员和会计主管人员姓名，并加盖名章和单位公章。记账人员或会计主管人员在本年度调动工作时，应注明交接日期、接办人员和监交人员姓名，并由交接双方签名或盖章，以明确经济责任。

第三步：按照会计科目表的顺序、名称，在总账账页上建立总账账户；并根据总账账户明细核算的要求，在各个所属明细账户上建立二、三级……明细账户。原有单位在年度开始建立各级账户的同时，应将上年的账户余额结转过来。

第四步：启用订本式账簿，应从第一页起到最后一页止顺序编定号码，不得跳页、缺号；使用活页式账簿，应按账户顺序编本账户页次号码。各账户编列号码后，应填"账户目录"，将账户名称页次登入目录内，并粘贴索引纸

(账户标签)，写明账户名称，以利检索。

其实就是把账本摆好，把该填的都据实填了，就像你去医院看病，医生扔给你一个病历本，你看着上面，把相关的信息都填入。

（一）企业刚成立建账

1.根据企业的规模等，选择适用的《企业会计准则》或《企业会计制度》或《小企业会计准则》

2.购买账簿

工业企业由于会计核算涉及内容多，又有成本归集与计算问题，所以工业企业建账是最复杂的，一般而言，工业企业应设置的账簿有：

（1）库存现金日记账

一般企业只设1本库存现金日记账，但如有外币，则应就不同的币种分设库存现金日记账。

（2）银行存款日记账

一般应根据每个银行账号单独设立1本账。如果企业只有1个基本账户，则就设1本银行存款日记账。

库存现金日记账和银行存款日记账均应使用订本账。根据单位业务量大小可以选择购买100页的或200页的。

（3）总分类账

一般企业只设1本总分类账，外形使用订本账，根据单位业务量大小可以选择购买100页的或200页的。这1本总分类账包含企业所设置的全部账户的总括信息。

（4）明细分类账

明细分类账要使用活页的，所以不能直接买到现成的。存货类的明细账要用数量金额式的账页；收入、费用、成本类的明细账要用多栏式的账页；应交增值税的明细账有单独的账页格式；其他的基本全用三栏式账页。因此，我们要分别购买这4种账页，并根据所需每种格式账页大概页数分别取部分出来，外加明细账封皮及经管人员一览表，再以鞋带系上即可。

当然，本数的多少依然是根据单位业务量等情况而不同。业务简单且很少的企业可以把所有的明细账户设在1本明细账上；业务多的企业可根据需要分别就资产、权益、损益类分设3本明细账；也可单独就存货、往来各设1本……无固定情况，完全视企业的管理需要来设。

另外，有些大公司固定资产明细账用卡片账；一般小公司都是和其他资产类合在一起。

3.选科目

可以参照《企业会计准则——应用指南》中的会计科目，结合自己单位所

属行业及企业管理的需要，依次从资产类、负债类、所有者权益类、成本类、损益类中选择出应设置的会计科目。

4.填制账簿内容

（1）封皮

（2）扉页，或使用登记表，明细账中称经管人员一览表

①单位或使用者名称，即会计主体名称，与公章内容一致。

②印鉴，即单位公章。

③使用账簿页数，在本年度结束时（12月31日）据实填写。

④经管人员，盖相关人员个人名章。另外当记账人员更换时，应在交接记录中填写交接人员姓名、经管及交出时间和监交人员的职务、姓名。

⑤粘贴印花税票并划双横线，除实收资本、资本公积按万分之五贴花之外，其他账簿均按每本5元贴花。

另外，如果明细账分若干本的话，还需在经管人员一览表中填列账簿名称。

（3）总分类账的账户目录

总分类账外形采用订本式，印刷时已事先在每页的左上角或右上角印好页码。但由于所有账户均须在一本总账上体现，故应给每个账户预先留好页码。如"库存现金"用第1、2页，"银行存款"用第3、4、5、6页，根据单位的具体情况设置，并要把科目名称及其页次填在账户目录中。

明细分类账由于采用活页式账页，在年底归档前可以增减账页，故不用非常严格的预留账页。

库存现金或银行存款日记账各自登记在一本上，故不存在预留账页的情况。

（4）账页（不存在期初余额）

库存现金和银行存款日记账不用对账页特别设置。

①总账账页。

按资产、负债、所有者权益、成本、收入、费用的顺序把所需会计科目名称写在左（右）上角的横线上，或直接加盖科目章。

②明细账账页。

按资产、负债、所有者权益、成本、收入、费用的顺序把所需会计科目名称写在左（右）上角或中间的横线上，或直接加盖科目章，包括根据企业具体情况分别设置的明细科目名称。另外对于成本、收入、费用类明细账还需以多栏式分项目列示，如"管理费用"借方要分成：办公费、交通费、电话费、水电费、工资等项列示，具体的是按企业管理需要，即费用的分析项目列示，每个企业可以不相同。

另外，为了查找、登记方便，在设置明细账账页时，每一账户的第一张账页外侧粘贴口取纸，并各个账户错开粘贴。当然在口取纸上也要写出会计科目名称。一般只写一级科目。另外，也可将资产、负债、所有者权益、收入、费用按红、蓝不同颜色区分开。

（二）企业成立第二年或以后年度，即年初建账

1.应该重新建账的

总账、日记账和多数明细账应每年更换一次，即新的年度开始时都需要重新建账。

2.可以不重新建账的

有些明细账也可以继续使用，如财产物资明细账和债权、债务明细账等，由于材料等财产物资的品种、规格繁多，债权债务单位也较多，如果更换新账，重抄一遍的工作量相当大，因此，可以跨年度使用，不必每年更换一次；固定资产卡片等卡片式账簿及各种备查账簿，也都可以跨年度连续使用。

3.重新建账的具体做法

（1）根据所需购买总账、两本日记账，设置明细账；

（2）填制账簿内容。

①封皮。

②扉页，或使用登记表，明细账中称经管人员一览表。

③总分类账的账户目录。

④账页。

以上程序与企业刚成立一致，只是多一步登记期初余额。不必填制记账凭证，为了衔接，直接将上年该账户的余额，抄入新账户所开第一页的首行，也就是直接“过账”。

A.库存现金日记账和银行存款日记账。

“日期”栏内，写上“1月1日”或空着。

“摘要”栏内写上“上年结转”或“期初余额”或“年初余额”字样。

将现金实有数或上年年末银行存款账面数填在“余额”栏内。

B.非损益类总账和明细账。

只是比日记账多一项余额方向的列示，即在余额列前要表明“借”或“贷”字样。

企业原本是4本账，但是，实际中表现出来的却不是4本。原因在于明细账的格式不一的问题。一般去买账簿的时候，不可能说每样格式只买几页，而是一种格式买一本。

我们一般看到的具体的格式账簿有：

库存材料分类账（收、发、存数量金额式）。

库存材料多栏式分类账（收、发、存数量金额式）。

低值易耗品明细分类账（在库、在用）。

材料采购明细账。

材料成本差异明细账。

分期收款发出商品明细账。

委托加工存货明细账。

固定资产明细分类账（登记设备与计算折旧）。

生产成本明细账。

制造费用明细账。

管理费用明细账。

销售费用明细账。

工资明细账。

产品销售明细账。

应交增值税明细账。

手工账账本需要根据企业自己的业务及经营管理的要求来设计，而财务软件建账的逻辑就很简单了，你把期初余额录入，然后系统给每个科目一本总账，一本明细账，也不用太多的格式，需要数据组合时，就根据条件搜索好了。企业经营管理需要什么数据，系统就可以导出相关的数据，然后在Excel表格中进行分析。

第10章

品牌生存

杜老师讲课风趣幽默，功底扎实，通俗易懂又接地气，大家学起来自然轻松，这跟目前会计的教材完全不同。

教材都是专家们写的，专家写的东西都比较深奥难懂，因为这样才能显示自己学问高深。著名杂文家陈四益先生就曾说专家写文章就喜欢玩文字游戏，举个例子说："一群蚂蚁在一根枯枝上，枯枝在湍急的河流里漂行。如果蚂蚁各自逃生，有可能跌入河水而丧生;如果它们抱成一团，树枝或许因此在某个河湾搁浅，这群蚂蚁就会因此而得救。"——这段话你肯定轻易地就读懂了，可是不幸得很，靠这样的表述不能显示学问高深，因为不够学术的水准。人人可懂的东西怎能显示出自己的学问大，让人崇敬得起来?所以陈先生讽刺说千万不要这样来表述，而要改成这样的一段话："枯枝上的蚂蚁，如果不能从更为宏观的全部自然情境把握自身的行为，不能摆脱经验层面的认识原则，不能顾及各种动态与表态的综合效应，仅仅凭借观念史中原子化个人主义主张行动，从广义的后果论观察，它们就会步入误区。在原子化个人主义的支配性语境中，蚂蚁群体的集体无意识将使自身解救活动趋于低效甚至完全失败。如果枯枝上的蚂蚁能凭借某种集中化手段，以聚集的组织模式为活动框架，达成一种互惠的构成方式和因果关系，而不陷入已被充分形式化的既有分析框架，从而对现有情境作出新的创制与解释，使自身的行动建立在更深层次的原则上，消除个体与群体二元对立固有语境，那么，借助其肢体语言建立的集体意识，可以实现新的规范层面的积极义务与消极义务的统一，在这样的一些群体行为的解构下，集体主义后果论意义上的集体的获救。"看这段就没有那么轻松了吧?看不懂就是因为没有学术水平，显得缺乏学术功底!如果在这样的表述里再加上几个英文，不，最好是拉丁文或古希腊文的话，"学问"会更大，更高深。

现在的时代已经不是专家时代，而是互联网时代，互联网时代就是草根时代，人不会再盲目地去崇拜专家，而是会很理性地选择自己想要的东西，努力

地展示自己的个性。每个人都是独立的个体，就像腾讯微信一出，口号就是，再小的个体，都有自己的品牌。

每个人都要不断努力，深入挖掘属于自己的价值，找到属于自己的位置。

我曾参加过一个情商的课程培训，里面有一个案例，说是有一个技术高手，在500强公司做技术经理。他戴无边眼镜，穿一身土黄色的夹克，下面是一条常年不洗的牛仔裤加休闲皮鞋，典型技术高手范。几年前，他帮助公司解决两个很大的技术难题。当年的年会，大中华区的总裁拍着他的肩膀说："有前途!"大家频频举杯，大家和他自己都觉得，小子机会来了!但是几年过去了，身边的人噌噌往上升，很多水平不如他的人还已经成为高管，只有他还是纹丝不动。

老师问大家，这是为什么呢?

既然是上情商课，那大家自然回答说，因为此人情商低下。

老师再问，情商低下，为什么说他情商低下呢?

如果你不知道他为什么情商低下，你的情商怎么能提高得上来呢。

大家面面相觑，不知其所以然。

老师说，答案很简单，就是因为他"什么都不要，一心就想把事情做好。"

我当时听了大为惊讶，一心想把事情做好，还有错?

老师说他违背了一条职业发展的黄金定律，然后建议大家认真把它抄下来，没事给自己重复重复再重复：

"在忠诚的前提下，能力越高越好;在不确定忠诚的前提下，能力越低越好。"

如果把职场人士做个分类，职场人士大致能够分为五类：忠臣，太监，庸臣，勇将，主公。

忠臣：是企业里面最受欢迎的人，即忠心耿耿，又能力卓越。

左手握大权，右手握期权，企业的核心部门的核心位置，一般都挤满忠臣，企业核心上升通道，也往往留给忠臣。比如说周瑜，比如说诸葛亮。

太监：在企业里属于向上吃香，向下招人恨，但总能屹立不倒的人。

事实上太监也很委屈，他们的晋升与其说是因为马屁，还不如说是因为主公，他的确有很多需要太监的职位——比如说集团的总助、财务(涉及上市等不算)、人力，这些位置，其实谁干都差不多，但却有太多内幕不足为外人道，这就是很好的太监职位;再比如当企业有了成型的制度和品牌，又准备开拓一个势在必得的市场，太监型的选手往往会毫无悬念的出列。其实管理者也知道太监能力不高，但是能力不高本身是一种竞争力。谁愿意用一个野心勃勃的财务或者人力资源经理?事实上，在中国这个还没有形成契约精神的职场，太监选手相当抢手。

庸臣：这种人数量庞大，成绩平平，碌碌无为。

主公：就是公司的头目。

勇将：战功累累，战斗值很高，没事还业余学习提升经验值的人。

问题是这类人的物质要求不多，正义感却随着能力与日俱增，更糟糕的是他们能力太高，不太受控。对于这种人，企业是又爱又恨。爱的是如果要出个大招必须请这几位爷，恨的是万一没伺候好，他们就到竞争对手那里去了。这意味着你好不容易培养出一个勇将来，大招还没有来得及出，说不定还得接个大招。在无法出招和接招中间，很多企业会选择让勇将远离核心业务——在核心的地方，庸人都比勇将好。这更让牛人们觉得自己怀才不遇，奸人当道。勇将于是换个地方征战，一直到老到打不动了，就被职场一脚踢出来。

说这样的“实在人”比比皆是。比如说在曹操看来：杨修就是那个在领导放PPT时他总是知道下一张的人，简直可恨极了。

所以在今天的职场，勇将冲锋杀敌在业务部门，忠臣守京城管集团总部，太监在内宫运作财务人力，庸人则到处混着。这样的布局看似不妥，其实是企业内部运作效益最大化的最优机制。与其说是权谋，不如说是制衡。

当我听到这里的时候，突然觉得好悲哀，财务只是太监，难道财务晋升的法宝就是溜须拍马，不断地向你的领导表忠心?

那个时候，我觉得职场是个可怕的地方，至少我不善于拍马屁，我更喜欢做实事，而财务人员确实是有点像太监，离开了企业，离开了平台，你一个财务人员能做什么?

但是，后来，当我看到杜老师，既可以做审计、验资、咨询，又可以给老板做顾问，还可以做培训的时候，他似乎可以跟多人合作，企业的老板只不过是他的一个客户之一。

我不知道他在事务所的收入是怎么跟领导谈的，但是我知道，他不用坐班，换句话说，他今天要不要去上班，不是由领导决定的，而是由他自己决定的;在企业里也一样，他今天要不要去这个企业，也是由他自己决定的，而不是由这个企业的老板决定的。

他根本不需要在组织里生存，他的价值不是领导说了算。

如果一个人的价值只能由领导说了算，那么这个人的风险其实很大。因为如果万一你的领导就是看你不顺眼，那么你怎么努力都没用啊。但是一个人的价值是由市场决定的，市场迟早都会给你一个公道的价格，因为没有哪个人能控制市场。

就像你扛着一筐白菜去集市卖，只要你的白菜还不错，定价合理，总会有人买的。

怕就怕你没什么可卖的。

我突然明白了，财务学好了，学精了，可以做的事情很多。

你甚至可以拥有自己的品牌，你的业绩不是领导说了算，而是市场说了算。你的领导只不过是你的客户之一，你所做的只是好好服务你的客户。

努力，再努力，我不想把我的生命浪费在无休止的职场纠纷中，我希望能有自己的价值，希望有一天，我小艾就是品牌。

我继续一张一张录入凭证，不断地体验财务软件的使用，其实财务软件需要自己摸索，就算有老师手把手教你，你也得学会自己摸索，因为在软件的操作过程中，每个人碰到的问题有可能不一样。在很多时候，你由于不熟悉软件，或者是你会计基础不扎实，你就会瞎点，不合常规的点击，再加上每个人的电脑环境不一样，就会导致你点出了一个问题，别人却怎么也点不出来，根本不知道你是怎么点出来的。

有些东西必须要自己亲自动手，一遍一遍地训练，熟能生巧。

当我录到一笔采购凭证的时候，开始有点犯愁了。分录是：

借：原材料——主控单元件　　2 005 580

　　应交税费——应交增值税(进项税额)　　340 420

　贷：应付账款——深圳蓝莓电子研发设计中心　　2 340 000

　　　　——M市飞快运输有限公司　　6 000

我开始是这样录入的，按照单据上的数量单价照实录入，运费单独录个数量1(如图10.1所示)。

凭证字 记 11 号　日期 2014-1-31　**记账凭证**　2014年第1期　附单据 0 张

摘要	会计科目	数量	借方金额（亿千百十万千百十元角分）	贷方金额（亿千百十万千百十元角分）
购买原材料	140301 原材料_主控单元件	数量：20000 个 单价：100	200000000	
购买原材料	140301 原材料_主控单元件	数量：1 个 单价：5580	558000	
购买原材料	22210101 应交税费_应交增值税_进项税额		34042000	
购买原材料	220201 应付账款_深圳蓝莓电子设计研发中心			234000000
购买原材料	220202 应付账款_M市飞快运输有限公司			600000
合计：贰佰叁拾肆万陆仟元整			234600000	234600000

图10.1　录入凭证(1)

后来发现不对，这样数量不是有误差吗?不录入数量也不行，我启用了数量金额核算。

后来我直接把第二条分录删除了，然后直接修改金额，系统就倒算了单价(如图10.2所示)。我觉得这样更合理些，因为这部分原材料的成本价还包括运费。

凭证字 记 11 号 日期 2014-1-31

记账凭证 2014年第1期

附单据 0 张

摘要	会计科目	数量	借方金额（亿千百十万千百十元角分）	贷方金额（亿千百十万千百十元角分）
购买原材料	140301 原材料_主控单元件	数量：20000 个 单价：100.279	2005580	
购买原材料	22210101 应交税费_应交增值税_进项税额		34042000	
购买原材料	220201 应付账款_深圳蓝莓电子设计研发中心			234000000
购买原材料	220202 应付账款_l市飞快运输有限公司			600000
合计：贰佰叁拾肆万陆仟元整			234600000	234600000

图10.2　录入凭证(2)

财务软件是需要自己动手，不断体验，在体验的过程中，不断提高自己使用软件的能力。这种能力，别人是教不了的。需要自己用心，碰到问题，需要自己去解决。

不过，大部分人都比较懒，懒得思考，懒得研究，碰到一个问题，立马就问，这是怎么回事啊，怎么点不动了?怎么出这么一个提示啊?然后就到处问，根本就没有静下心来，看看到底是怎么回事，自己摸索一下，培养自己解决问题的能力。

所以，心态很重要，心平气和，慢慢来，方法永远比问题多。

第11章 会计人生

子俊向婉晴求婚，双方父母见面后，开始商谈婚礼。婉晴妈，提出要彩礼“万紫千红一片绿”，所谓“万紫千红”，即万张五元、千张百元钞票，再加上一片绿，彩礼钱数粗估约15万~20万元，大概意思就是想结婚，先拿20万元再说!

偏偏子俊妈也不是一只省油的灯。她当场就弱弱地问了一句：“这真的是在嫁闺女吗?你确定这不是在贩卖人口吗?”

于是，婚礼商谈戛然而止。

婉晴心情郁闷，不想回家，也不想搭理子俊，觉得子俊妈说话也太过分了，一下班就赖在我这。

紫珞也很痛苦，相处了四年的男友，准备结婚，打电话问妈要什么礼节，妈知道他们穷，说当年紫珞男友第一次到他们家时爸妈也什么都没给，所以什么都不要，如果结婚，家里装修一下，帮忙选个日子，剩下的都自己搞定就行，她爸则在一边说，女儿快要结婚了，却什么都没办法准备，心酸地叹了口气。紫珞父母最近几年生意不好，一直都是紧紧地过着日子。紫珞也很孝顺，再说也没想过要自己父母准备什么。

晚上跟男友提起，告诉他说：“我妈说不要礼金了。她也不帮我准备东西，所有的都是我们自己弄好。而且为了方便，只请些亲近的亲戚大概四五桌，加在一起，在我家摆个酒也只要一万。”没想到她男友嘴真贱，想了想说，真便宜，接着又说：“你怎么这么便宜呢，那你爸妈不是白养你了，都想不到……”。紫珞很生气，回答说：“如果觉得我便宜，那你去找个要礼金多的就行了，找个要10万元的，就会觉得高档了。”

晚上她男友看了会电视，睡觉的时候，又半开玩笑半认真地叫她说：“便宜货，睡觉了。”

紫珞一听“便宜货”三个字，火就上来了，甩开男友拉她的手，“哐当”

一声，离家出走了，在大街上转了一圈，无处可去，投奔我来了。

她们都问我："小艾，你呢?你怎么样呢?"

我说我不知道，看来这是雷区，没有把握不要轻易去碰触。

以前觉得爱情是多么的美好，想着有一天与自己的爱人去可可西里，去拍墨西哥海湾那一抹蓝，去香榭丽舍大街买一缕浪漫，去普罗旺斯摘薰衣草，去悉尼听一场交响乐，去梅里雪山采一米阳光……

而现在却发现爱情的结果只不过是一笔会计分录，而且这金额还不好确定。

记得以前老师讲分录的时候说，会计的一生就是分录的一生。

1.结婚时

借：固定资产——太太

——房子

——车子

应交税费——给丈母娘的钱

贷：应付账款——结婚用的钱

长期应付款——房奴、车奴

2.努力工作

借：应收工资

银行存款

贷：主营业务收入——辛勤工作：功劳、苦劳、疲劳

应交税费——应交个人所得税

其他应付款——各项社会保险

3.养家糊口

借：生产成本——养老婆

长期应付款——房奴、车奴

贷：银行存款

累计折旧——房子、车子

4.生个女儿

借：库存商品——女儿

贷：生产成本——太太

5.女儿出嫁了

借：银行存款——彩礼

贷：主营业务收入——女儿

应交税费——女儿嫁妆

借：主营业务成本——女儿

贷：库存商品——女儿

6.生个儿子

借：在建工程——儿子

贷：生产成本——太太

7.儿子长大成人

借：长期股权投资——儿子

贷：在建工程——儿子

8.儿子结婚，生子

借：长期股权投资——权益变动——儿媳妇、孙子

贷：资本公积——其他资本公积——儿媳妇、孙子

9.儿子孝敬我

借：银行存款——常回家看看

贷：投资收益——儿子、儿媳妇

10.总结我的一生

借：我的一生

主营业务成本——女儿，儿子

贷：主营业务收入——辛苦一生

——女儿，儿子

而我现在发现结婚时那笔分录不对，彩礼不是给丈母娘的税金，而是太太的价值，固定资产应该以历史成本计价。正确的分录应该是：

结婚时

借：固定资产——太太

——房子

——车子

贷：应付账款——结婚用的钱

——彩礼

长期应付款——房奴、车奴

如果去掉房子车子，那么这笔分录改为：

借：固定资产——太太

贷：应付账款——结婚用的钱

——彩礼

根据借贷规则，有借必有贷，借贷必相等。彩礼越多，贷方金额越大，那借方的固定资产也越大，说明你的价值也越大。

紫珞和婉晴在相互拉家常，诉说着结婚的细枝末节，我继续在电脑边做自己的事情。我不想去讨论结婚该谁买房子。我想的是将来自己能买一套房子，不管我结婚与否，我都想自己能买一套属于自己的房子，哪怕是个小单间，那是属于我自己的，完全属于我自己的。

记得我曾由于工作需要，被发配到远远的一个大客户那里做常驻服务。那家公司里有位神一样的传奇人物，我记得很清楚，她36岁，已经官至SVP(高级副总裁)，工科女，技术人员出身，财务总监做了7年，我认识她的时候她正调整分工，接管大供应链系统。

她并不漂亮，但很顺眼，朴素得令人发指，一年四季永远穿各式白衬衫配不同颜色的西装裙低跟鞋。她并不显得特别强势或者犀利，也没有特殊的亲和力或者幽默感，就是挺自然平常的一个人。没人特别怕她，但是人人都知道她对工作水准的要求。在那家公司，包括董事会的大老板在内的人员都这么评价她：就没有她做不成的事!

每天早上我都准时上班，但是，我总会发现我的办公桌上贴着一两张她留给我的便笺，有时候是强调某个工作的要点，有时候是表扬或批评。我从来不知道是她什么时候留下的这些便笺，但是我内心一直感谢她，我觉得她特别花了很多心血在我身上!而且，她在便笺上安排的事，我都会第一时间去做，因为我很感谢她给我留了面子，没有当众或者当面批评我，但是又及时指导了我怎样做是对的。她一直很关照我!

跟她慢慢熟悉起来了，我知道她已经结婚，并育有一儿一女。事业家庭处理得非常好!

在那工作了差不多一年，我发现了她的秘密。

除非出差，她永远每天比公司其他人早到办公室至少30分钟，即使她当天上午在外面有公务，她也会先到公司，然后再离开。她就是利用这30分钟的时间给其他人写便笺，速度飞快。在这个时代，她用的不是邮件，也不是短信，而是便笺!便笺印着一个她的漫画笑脸。蓝色便笺，是她一个重要的沟通技巧，通过这种方式她让每个下属都觉得似乎与她之间有一种私密的联结感，形成一种不是师徒胜似师徒的情感纽带。

在生活当中，她虽然结婚了，但是却拥有自己独立的工作室，那个工作室是她个人独立的空间，并不因为结婚了就完全废除，没事可以自己独自去小憩一下，而不像紫珞，吵个架就无处可去。

女人需要自立!不管什么时候!

哪怕是已经结婚了，都要有自己的独处空间。

从此，我一直以她为榜样，做一个安静且低调的女人。

所以，我要努力，要奋斗，为了那独立的自由空间而奋斗，继续工作，不管其他!

录入分录(如图11.1所示)：

重庆宝迪电子有限公司 2014年第1期

首页 录凭证 ×

凭证字 记 14 号 日期 2014-01-13 **记账凭证** 2014年第1期 附单据 0 张

摘要	会计科目	数量	借方金额	贷方金额
购买原材料	140304 原材料_其他材料及配件	数量: 单价:	10000000	
购买原材料	22210101 应交税费_应交增值税_进项税额		1700000	
购买原材料	1002 银行存款		300000	
购买原材料	101202 其他货币资金_银行汇票存款			12000000
购买原材料				
合计：壹拾贰万元整			12000000	12000000

图11.1 录入凭证(3)

借：原材料——其他材料及配件 100 000

应交税费——应交增值税(进项税额) 17 000

银行存款 3 000

贷：其他货币资金——银行汇票存款 120 000

发现没有数量，而原材料已经启用了数量金额核算，那这个数量单价一定要填吗?如果要一定要填就坏了，我根本就不知道这数量是多少。

这些原料配件都是老板自己买的，数量极其多，单个金额很小。双方都是小企业，买的时候，甚至数都没数，就说，你这一堆大概要多少钱，最后双方砍个价，成交。手工账做账的时候非常灵活，做个凭证，只写金额就行了，然后登记明细账的时候，就用普通的三栏式明细账就行了，而不登记数量金额式明细账。而上了软件，就看企业对原材料的管理了，有的企业需要对数量进行管理，那就要数量金额核算，有的企业不需要对数量进行管理，那就不需要数量金额核算。如果你启用了某个科目的数量金额核算，结果又不要数量金额核算。那就看这个软件的宽容性和逻辑性了。

我不填入，看系统怎么反应(如图11.2所示)。

系统提示我继续，我就继续录下去了。我也不知道后面结账的时候是否会有影响，只能不断试下去。上软件也好，ERP也罢，都要选适合自己企业的产品。最好的产品不一定是最适合自己的产品，而最适合自己的产品才是最好的产品。怎样才知道这个软件是否适合自己呢?只有一个办法，你得去试用。

在业界流行一句话，上ERP找死，不上ERP等死。财务软件也只是涉及财务部门，影响相对小些，而上ERP是整个公司，牵一发动全身，一旦不适

摘要	会计科目	数量	借方金额	贷方金额
购买原材料	140304 原材料_其他材料及配件	数量 单价	10000000	
购买原材料	22210101 应交税费_ 额		700000	
购买原材料	1002 银行存款		300000	
购买原材料	101202 其他货币资金			12000000
购买原材料				
合计：壹拾贰万元整			12000000	12000000

系统提示

当前第1条分录的数量值为空，确定继续吗？

确定 取消

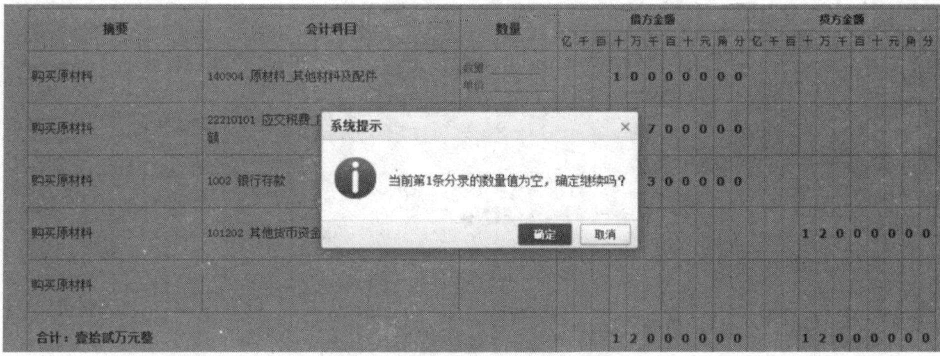

图 11.2　录入凭证(4)

合，那就会失败，损失惨重，人还折腾得够呛。

“上ERP找死”，是因为：第一，ERP的花费比较高，特别是比较有名的软件公司，如SAP、甲骨文等，如果企业效益不好很容易被拖垮，因为它们有很高的实施费和维护费;第二，ERP的实施不是百分百的成功，一要看企业，二要看软件，如果实施不成功就成了企业的累赘，打乱了企业原有的生产、管理方式，但又没有为企业带来更好的生产、管理方式;第三，企业在不断发展，领域有变化，深度有变化，软件能否跟上企业的发展也会对企业的发展产生影响。

但“不上ERP等死”，是因为：第一，企业的发展大多存在问题，这些问题可以通过软件的标准化管理予以解决，特别是统计方面，固化企业管理模式，提高企业设计、生产、仓储及财务管理等方面的效率;第二，有些企业的管理手段跟不上企业的发展速度，管理的弊端，特别是企业生产管理等的低效会慢慢吞噬企业的发展动力，引进ERP其实是在引进一种管理模式，一种先进的、集成性更高的管理方法，这样能帮助企业的发展，去除企业的发展瓶颈。

当我录入管理费用的时候，发现科目下拉最多只能显示10个明细科目就已经到底了(如图11.3所示)，怎么拉都拉不下去了。

而我的管理费用明细科目远远不只10个啊(如图11.4所示)。

我不知道是软件这个地方本身有问题，还是我的浏览器的原因。不过软件是死的，人是活的，我直接输入科目编号不就行了(如图11.5所示)。

这样“管理费用——业务招待费”不就出来了吗?

录入凭证的时候我发现管理费用没有印花税这个科目，点“新增科目”又突然没有反应，我只能到维护科目的界面去新增科目(如图11.6所示)。我已经录入了很多了，如果我切换界面，那么我现在录入的就都没有了。

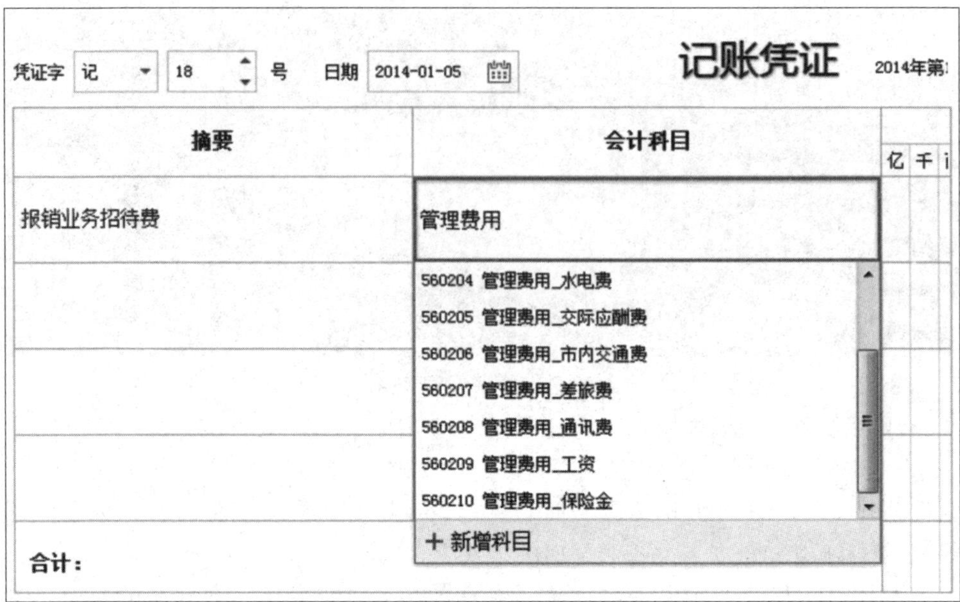

图 11.3　录入凭证(5)

操作	编码	名称	类别	余额方向
+ ✎ ×	560204	水电费	期间费用	借
+ ✎ ×	560205	交际应酬费	期间费用	借
+ ✎ ×	560206	市内交通费	期间费用	借
+ ✎ ×	560207	差旅费	期间费用	借
+ ✎ ×	560208	通讯费	期间费用	借
+ ✎ ×	560209	工资	期间费用	借
+ ✎ ×	560210	保险金	期间费用	借
+ ✎ ×	560211	福利费	期间费用	借
+ ✎ ×	560212	累计折旧	期间费用	借
+ ✎ ×	560213	开办费	期间费用	借
+ ✎ ×	560214	职工教育经费	期间费用	借
+ ✎ ×	560216	业务招待费	期间费用	借

图 11.4　录入凭证(6)

怎么办?我只好先保存，哪怕它是一笔错误的，甚至不完整的会计凭证，等会再来修改。

凭证字 记 18 号 日期 2014-01-05 **记账凭证** 2014年第1期

摘要	会计科目	借方金额（亿 千 百 十 万 千 百 十 元 角）
报销业务招待费 摘要	560216 科目 560216 管理费用_业务招待费 + 新增科目	

图 11.5 录入凭证(7)

凭证字 记 19 号 日期 2014-1-5 **记账凭证** 2014年第1期 附单据

摘要	会计科目	借方金额（亿 千 百 十 万 千 百 十 元 角 分）	贷方金额（亿 千 百 十 万 千 百 十）
缴纳税费	222102 应交税费_未交增值税	2966987	
缴纳税费	222108 应交税费_应交城市维护建设税	207689	
缴纳税费	222113 应交税费_教育费附加	89010	
缴纳税费	222114 应交税费_地方教育费附加	59340	
缴纳税费	222112 应交税费_应交个人所得税	600000	

图 11.6 录入凭证(8)

我一直觉得选科目这个下拉框不好用，因为只显示10个(如图11.7所示)，像销售费用、管理费用这些明细科目远远不只10个，后面的就显示不出来了。

我怎么找都找不到广告费用这个科目。按照我前面的思路，我得到维护科目表这个界面去看看有没有广告费这个明细科目，如果没有就增加一个，记住科目编码，然后再回到录入凭证这个界面，输入广告费这个明细科目的科目编号，从而带出“销售费用——广告费”这个科目。可是这界面切换来切换去，好麻烦。

我突然发现了一个规律，我输入销售费用，只能带出10个明细科目，那我接着再输入56011，会有什么反应?奇迹出现了，明细科目都出来了(如图11.8所示)。

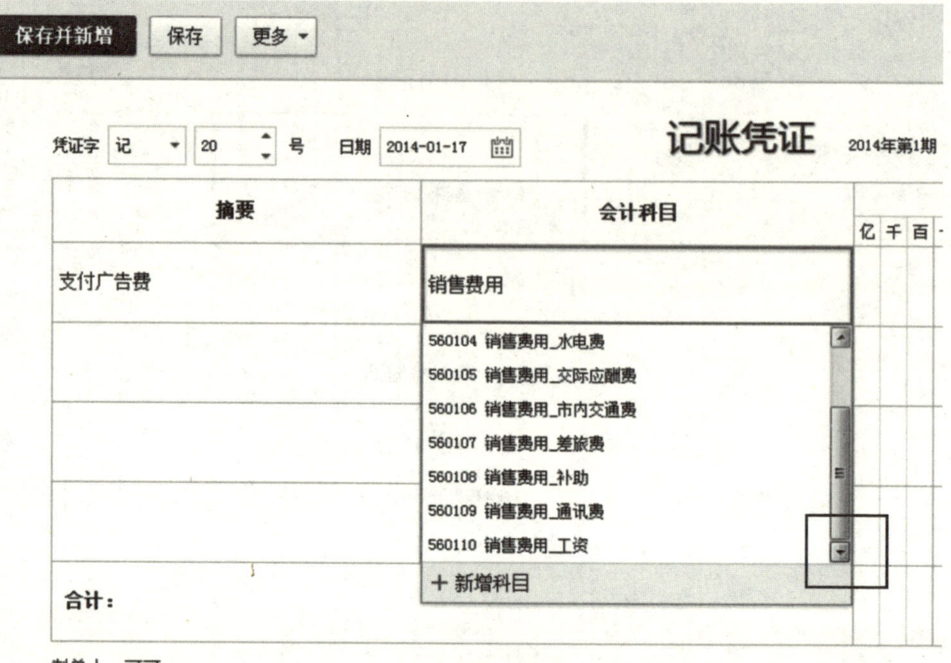

图 11.7　录入凭证(9)

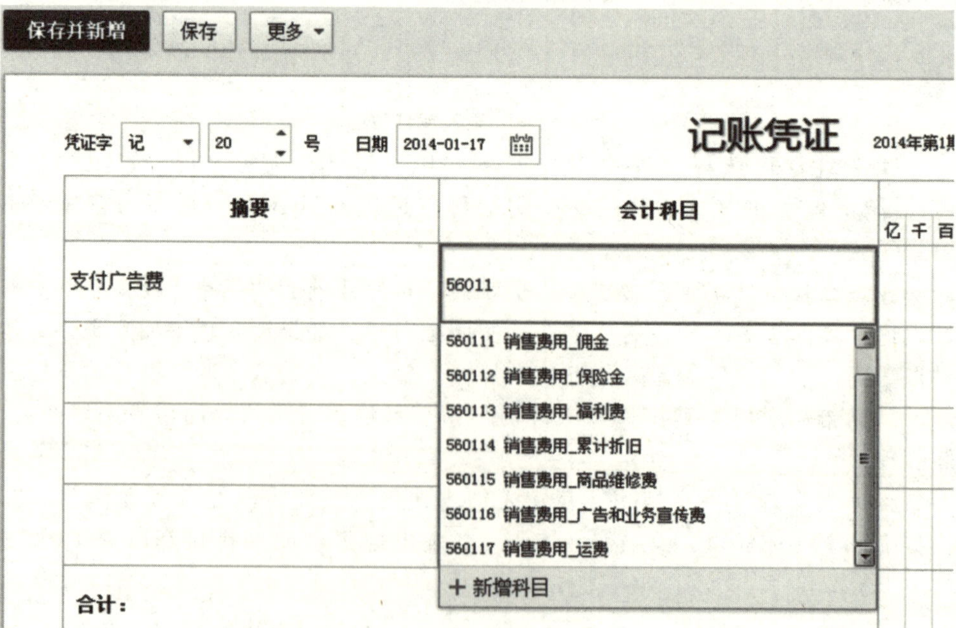

图 11.8　录入凭证(10)

以此类推，如果我输入 56012，56013……

这样，不管这个科目下面有多少个明细科目，我是不是都可以在这个界面查询?因为它的排列是有规律的。

所以，软件需要摸索，需要不断尝试，所谓熟能生巧。不然给你一个再好的工具，你都不能发挥它的价值。

第12章 不怕麻烦

晚上，紫珞收到男友的短消息：“猪猪，对不起，我说错话了，今晚回来罚打扫房间卫生，非常自觉。”

顷刻间，紫珞潸然泪下：“他以为说过的话，扎在我心头的钉子，就凭一条短消息就可以原谅了吗，我决不原谅。若是别人，说了也就过了，我都会当做笑话，就算会难过，也不会伤心。但却是他，相处了4年的他，认识7年，同居了4年的他，4年的同床共枕，就换来了一声便宜货。想起他从未承认过追我，有好友问起，他都会得意洋洋地说是我先追他，说我总是请他吃饭……”

我和婉晴都劝她。

“他嘴就是贱，你又不是不知道。”

“他就是那样的人。”

“狗嘴里吐不出象牙，但是他心眼不坏。”

但是看着紫珞为情所困，我知道那个曾说将来要翻手为云覆手为雨，想当企业女强人，宁可终生孤独的女孩已经不存在了。

我们都曾有过美丽的梦想，只是，在茫茫人海中，在漫漫征途中，我们太容易将它们放弃或遗忘，当我们幡然悔悟时，梦想已被我们遗落在人生的旅途中。

或许活在当下才是最好的!

在我们的极力劝说下，紫珞终于回去了。

曼婷不紧不慢地跟着杜老师学着会计，她上的班是手工账、Excel账，还有软件账，三账合一。

一来二去，我们也熟了。晚上没事，她也经常过来串门，有时聊聊天，有时问一下会计问题。她对我的那个人生表格特别感兴趣。每次拿着我那个表格就说，人生只有900个月，对吧？

我说，对的。

“人生只有900个月，唉。”她轻叹一口气。

“怎么啦，你?”

“感觉太短了，不能浪费了。”

“是的，我们都浪费不起!”

婉晴妈一直打电话，婉晴总是不接。她接了也是说：“妈，什么事啊，我在小艾这，你不用担心，我现在不想回家。”

晚上，正当我们三人在宿舍里说笑的时候，门外响起了“咚咚咚”的敲门声，婉晴妈驾到!

我连忙左一声伯母，右一声伯母，把其让到屋里，好像我做了什么对不起她的事似的。

婉晴妈坐在我们前面。

“你们三个人怎么混到一起了。”

“曼婷住我旁边……。”我赶紧答道。

然后我就把曼婷如何钻进玻璃天窗，为我打开了房门，帮我拿到钥匙的英勇事迹添枝加叶地描述了一番。

“长得苗条，就有那个好处。”婉晴妈附和道。

曼婷不好意思地笑了笑。

“好事快近了吧?”婉晴妈突然问曼婷。

曼婷微笑，“你是指结婚?”

“是啊。”婉晴妈说。

曼婷说：“结婚是另外一件事。”

婉晴妈似乎很了解，随即说：“现在你们年轻的一代都喜欢享受自由。恋爱归恋爱，提到结婚大都不情愿。”

曼婷说：“结婚牵涉太广，凡是与一生一世有关的事，我都觉得应当详加考虑。”

她们两人说的话我都不大明白，你一句，我一句，感觉打哑谜似的。

婉晴妈最后的结论是：“人太聪明了，反而做什么事都不顺利。过分小心，考虑周详，想想便不敢做。”

曼婷笑一笑，说：“你们一家一定很幸福。”

婉晴妈说：“是的。就这孩子不太听话!”

接着，曼婷告辞了，临走时，像个大姐姐一样关照我，让我早点休息。

我觉得她有心事，欲语还休。也难怪她不肯把心中的话说出来，何必平白为邻居们添加谈话资料。

婉晴在她妈妈强行绑架下，回去了，我终于又清净了。

由于一开始启用账套的时候，我选择了《小企业会计准则》，但是我这家

公司用的是《企业会计准则》。但是我懒得重新来过，想着反正是练习财务软件的使用，用哪个准则问题不大。再说我已经做了那么多了，不想返工了，麻烦。

可是当我做到后面的时候发现，计提坏账准备，没有“资产减值损失”这个科目。我就继续增加“资产减值损失”科目。可是报表也没有“资产减值损失”这个科目啊?难道我也去加?那就意味着，我的取数公式全都要变。

这正是应了一句话，怕麻烦的人麻烦多!

想了想还是重新来过吧!

我重新启用一个新的账套，再从头到尾开始操作。

凭证字 记 26 号 日期 2014-01-30 **记账凭证** 2014年第1期 附单据 0

摘要	会计科目	借方金额	贷方金额
支付职工薪酬	221101 应付职工薪酬_工资	9950000	
支付职工薪酬	221102 应付职工薪酬_职工福利	399000	
支付职工薪酬	1002 银行存款	9039000	
支付职工薪酬	224101 其他应付款_基本养老保险（个人部分） 科目 余额	321840	
支付职工薪酬	224102 其他应付款_基本医疗保险（个人部分） 科目 余额	80460	
支付职工薪酬	224103 其他应付款_失业保险（个人部分） 科目 余额	40230	
支付职工薪酬	122102 其他应收款_李娟		26747

图 12.1 录入凭证(11)

当我发现我录入的凭证金额方向错误时(如图 12.1 所示)，我首先想到的是把借方金额删除，然后再在贷方重新录入，一个一个数字重新录入一遍，后来我发现一个巧妙方法，其实根本不用重新录入，选择后，直接按空格键，就自动到贷方了(如图 12.2 所示)。

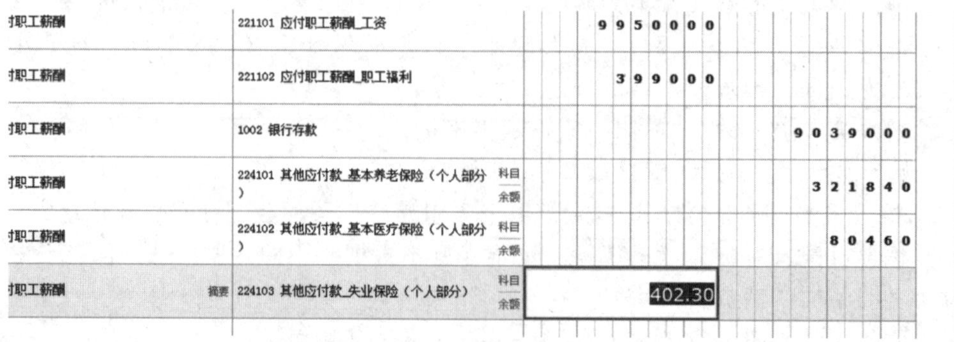

摘要	会计科目	借方金额	贷方金额
付职工薪酬	221101 应付职工薪酬_工资	9950000	
付职工薪酬	221102 应付职工薪酬_职工福利	399000	
付职工薪酬	1002 银行存款		9039000
付职工薪酬	224101 其他应付款_基本养老保险（个人部分） 科目 余额		321840
付职工薪酬	224102 其他应付款_基本医疗保险（个人部分） 科目 余额		80460
付职工薪酬 摘要	224103 其他应付款_失业保险（个人部分） 科目 余额	402.30	

图 12.2 录入凭证(12)

还有，在录制凭证的时候，按回车键会自动跳入下一格，但是，有时候手贱，跳到下一格了，想返回，有两种方法，一种是直接拿鼠标点击返回，另一种方法就是shift+回车，执行相反的程序。

首页 录凭证 ×

凭证字 记 40 号 日期 2014-01-29 **记账凭证** 2014年第1期

摘要	会计科目	借方金额											贷方				
		亿	千	百	十	万	千	百	十	元	角	分	亿	千	百	十	万
收到存款利息	1002 银行存款							4	9	6	2	1					
收到存款利息	560302 财务费用_利息							4	9	6	2	1					

图 12.3 录入凭证(13)

收到银行存款利息，即银行存款增加，银行存款是资产类科目，资产增加为借方;利息支出和银行手续费等属于财务费用。收到银行存款利息是冲减财务费用，费用减少，在借方录入红字凭证，即“借：银行存款(蓝字)，借：财务费用——利息(红字)”(如图12.3所示)。这样，财务费用累计发生额和损益表累计发生额相同，便于核对。

当我把所有的业务凭证做完后，就开始结转损益。

结转损益的时候，可以直接点击结账(如图12.4、图12.5所示)。

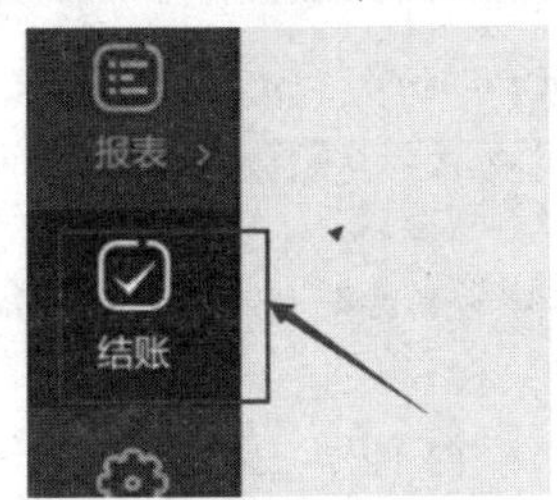

图 12.4 结账(1)

重庆宝迪电子有限公司 2014年第1期

首页 录凭证 × 结账 ×

2014年第1期 共录入凭证 64 张，财务初始余额试算平衡。

☑ 结转损益

凭证日期: 2014-01-31 凭证字: 记 凭证摘要: 结转本期损益

更多设置

生成凭证 结转到下期

图 12.5 结账(2)

点击生成凭证。

我们也可以看看更多的设置(如图12.6所示)。

凭证分类： ◉ 分别生成收益凭证和损失凭证　◎ 生成一张凭证，既包括收益也包括损失

结转方式： ☐ 按科目余额反向结转

本年利润科目： 4103 本年利润

以前年度损益调整科目： 6901 以前年度损益调整

以前年度损益调整科目的结转科目： 410411 利润分配_未分配利润

生成凭证

图12.6　结账(3)

采取默认设置，就是损益分别生成凭证(如图12.7所示)。

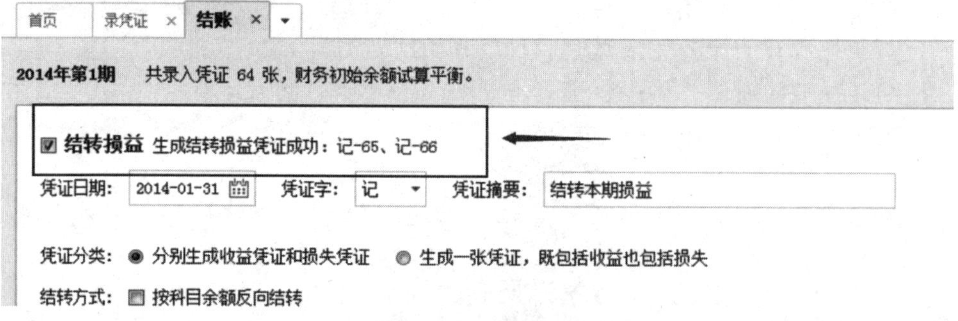

图12.7　结账(4)

点击查看(如图12.8、图12.9所示)。

记账凭证　2014年第1期

凭证字 记　65 号　日期 2014-1-31　附单据 0 张

摘要	会计科目	借方金额	贷方金额
结转本期损益	6001 主营业务收入	536000000	
结转本期损益	6051 其他业务收入	3600000	
结转本期损益	6301 营业外收入	1700000	
结转本期损益	4103 本年利润		541300000
合计：伍佰肆拾壹万叁仟元整		541300000	541300000

图12.8　查询损益凭证(1)

凭证字 记 66 号　日期 2014-1-31

记账凭证

2014年第1期　附单据 0 张

摘要	会计科目	借方金额											贷方金额										
		亿	千	百	十	万	千	百	十	元	角	分	亿	千	百	十	万	千	百	十	元	角	分
结转本期损益	640101 主营业务成本_可充电迷走神经刺激器														2	3	9	6	1	8	0	0	0
结转本期损益	640102 主营业务成本_不可充电迷走神经刺激器														1	8	9	9	9	8	1	0	0
结转本期损益	6402 其他业务成本																3	0	0	4	8	0	0
结转本期损益	6403 营业税金及附加																	2	9	9	6	4	2
结转本期损益	660107 销售费用_差旅费																		2	0	0	0	0
结转本期损益	660110 销售费用_工资																	8	9	0	0	0	0
结转本期损益	660115 销售费用_展览费和广告费																1	0	0	0	0	0	0
结转本期损益	660118 销售费用_运输费																	5	5	8	0	0	0
结转本期损益	660123 销售费用_材料费																	1	0	0	0	0	0
结转本期损益	660201 管理费用_办公用品																		6	0	0	0	0
结转本期损益	660204 管理费用_水电费																		1	6	5	9	6
结转本期损益	660209 管理费用_工资																	7	6	6	0	0	0
结转本期损益	660217 管理费用_房产税																	2	5	2	0	0	0
结转本期损益	660219 管理费用_土地使用税																2	4	0	0	0	0	0
结转本期损益	660220 管理费用_印花税																		2	6	2	3	6
结转本期损益	660225 管理费用_折旧费																	4	4	2	0	1	4
结转本期损益	660229 管理费用_业务招待费																	4	0	0	0	0	0
结转本期损益	660230 管理费用_材料费																	2	0	0	0	0	0
结转本期损益	660231 管理费用_维修费																		2	0	0	0	0
结转本期损益	660232 管理费用_盘亏																2	0	0	0	0	0	0
结转本期损益	660233 管理费用_无形资产摊销																	5	0	0	0	0	0
结转本期损益	660302 财务费用_利息																	9	7	6	8	4	0
结转本期损益	660303 财务费用_手续费																		4	4	7	7	1
结转本期损益	6701 资产减值损失																1	6	2	9	6	0	0
结转本期损益	671101 营业外支出_捐赠支出																2	6	2	6	7	2	0
结转本期损益	4103 本年利润			4	4	7	7	5	9	7	7	7											
合计：肆佰肆拾柒万柒仟伍佰玖拾柒元柒角柒分				4	4	7	7	5	9	7	7	7			4	4	7	7	5	9	7	7	7

图 12.9　查询损益凭证(2)

我们再录入所得税费用凭证(如图 12.10 所示)。

凭证字 记 67 号 日期 2014-01-31 **记账凭证** 2014年第1期 附单据 0 张

摘要	会计科目	借方金额	贷方金额
计提所得税费用	680101 所得税_当期所得税费用	23385056	
计提所得税费用	222106 应交税费_应交所得税		23385056
合计：贰拾叁万叁仟捌佰伍拾元伍角陆分		23385056	23385056

图 12.10　录入所得税费用凭证

再点结账，可以看出，凭证 66 有变化(如图 12.11 所示)。

摘要	会计科目	借方金额	贷方金额
结转本期损益	660233 管理费用_无形资产摊销		500000
结转本期损益	660302 财务费用_利息		976840
结转本期损益	660303 财务费用_手续费		44771
结转本期损益	6701 资产减值损失		1629600
结转本期损益	671101 营业外支出_捐赠支出		2626720
结转本期损益	680101 所得税_当期所得税费用		23385056
结转本期损益	4103 本年利润	471144833	
合计：肆佰柒拾壹万壹仟肆佰肆拾捌元叁角叁分		471144833	471144833

图 12.11　查询凭证

查询报表：核对资产负债表和利润表，正确无误(如图 12.12 所示)。

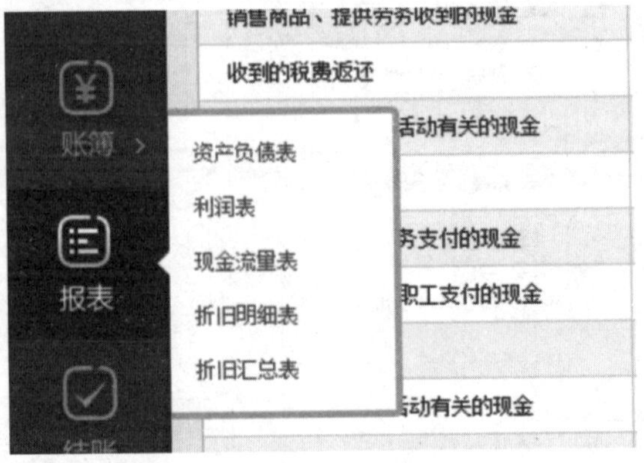

图 12.12　查询报表

现金流量表会有差异，那是因为，系统是按照科目的性质加加减减得来的，并不完全正确。因为你在录制凭证的时候并没有对现金科目进行分析。所以，在右上角有个调整(如图 12.13 所示)。

金流量表 ×

平衡　　调整　打印　导出

本月数	本年数	项目	行次	本月数	本年数
		补　充　资　料	34		
3,586,376.00	3,586,376.00	1、将净利润调节为经营活动现金流量:	35		
		净利润	36	701,551.67	701,551.
13,600.70	13,600.70	加：计提的资产减值准备	37		
3,599,976.70	3,599,976.70	固定资产折旧	38		
5,311,231.37	5,311,231.37	无形资产摊销	39		
		长期待摊费用摊销	40		

图 12.13　现金流量表调整(1)

我尝试着调整，把我能确定的数据填列出来，然后点下一步，看数据如何变化，慢慢摸索软件的逻辑(如图 12.14 所示)。

当我点击下一步的时候，数据竟然都可以修改了(如图 12.15 所示)。

从而可以确定，此软件对现金流量表的编制还是要依据人工较多。现金流量表的编制确实具有专业性和分析性。不深入了解企业的业务，仅凭会计科目就想准确判断现金流入流出的项目还是具有一定的难度。

现金流量表 ×

助数据项 - 2014年2期　　保存

项目	行次	本月数	本年数
用中列支的税金	10		
业务支出中列支的税金	11		
应缴纳各项税金合计	12		
定资产折旧	13	10,753.47	
出	14		
产摊销	15	5,000.00	
摊费用摊销	16		
各项减值准备（仅反映本年与上年计提的差额）	17		
定资产、无形资产和其他长期资产的损失（减：收益）	18	-10,000.00	
益（减：汇兑损失）	19		
其他与筹资活动有关的现金	20		

图 12.14　现金流量表调整(2)

首页 | 现金流量表

调整现金流量表 - 2014年2期 平衡

保存 上一步 清空并重算

项目	行次	本月数	本年数	项目	行次	本月数	本年数
一、经营活动产生的现金流量：				补　充　资　料	34		
销售商品、提供劳务收到的现金	1		3,586,376.00	1、将净利润调节为经营活动现金流量：	35		
收到的税费返还	2			净利润	36		701551.67
收到的其他与经营活动有关的现金	3	5,753.47	13,600.70	加：计提的资产减值准备	37		
现金流入小计	4	5,753.47	3,599,976.70	固定资产折旧	38	10,753.47	
购买商品、接受劳务支付的现金	5		5,311,231.37	无形资产摊销	39	5,000.00	
支付给职工以及为职工支付的现金	6			长期待摊费用摊销	40		
支付的各项税费	7		-255,106.92	处置固定资产、无形资产和其他长期资产的	41	-10,000.00	
支付的其他与经营活动有关的现金	8		383,039.33	固定资产报废损失	42		
现金流出小计	9		5,439,163.78	公允价值变动损失（收益以“-”号填列）	43		
经营活动产生的现金流量净额	10	5,753.47	-1,839,187.08	财务费用（减：收入）	44		
二、投资活动产生的现金流量：				投资损失（减：收益）	45		

图 12.15　现金流量表调整(3)

编制现金流量表最简单且比较容易理解的方法，首先是直接分析法，然后是科目替代法。有的软件设计的时候会要求你在录入凭证的时候就开始分析，录入这笔现金流入流出属于哪一个现金流量表项目，最后由系统自动汇总成现金流量表。而我现在用软件的设计思路采取的是间接编制法，是根据报表项目然后用公式加减过来的。常用公式：

一、确定补充资料的“现金及现金等价物净增加额”

现金的期末余额=资产负债表“货币资金”期末余额

现金的期初余额=资产负债表“货币资金”期初余额

现金及现金等价物的净增加额=现金的期末余额-现金的期初余额

一般企业很少有现金等价物，故该公式未考虑此因素，如有则应相应填列。

二、确定主表的“筹资活动产生的现金流量净额”

1.吸收投资收到的现金

吸收投资所收到的现金=(实收资本或股本期末数-实收资本或股本期初数)+(应付债券期末数-应付债券期初数)

2.取得借款收到的现金

借款收到的现金=(短期借款期末数-短期借款期初数)+(长期借款期末数-长期借款期初数)

3.收到其他与筹资活动有关的现金

例如投资人未按期缴纳股权的罚款现金收入等。

4.偿还债务支付的现金

偿还债务所支付的现金=(短期借款期初数-短期借款期末数)+(长期借款期初数-长期借款期末数)+(应付债券期初数-应付债券期末数)

注：(长期借款期初数-长期借款期末数)和(应付债券期初数-应付债券期末

数)需要剔除利息。

5.分配股利、利润或偿付利息所支付的现金

分配股利、利润或偿付利息所支付的现金=应付股利借方发生额+利息支出+长期借款利息+在建工程利息+应付债券利息-预提费用中“计提利息”贷方余额-票据贴现利息支出

6.支付其他与筹资活动有关的现金

例如发生筹资费用所支付的现金、融资租赁所支付的现金、减少注册资本所支付的现金(收购本公司股票、退还联营单位的联营投资等)、企业以分期付款方式购建固定资产，除首期付款支付的现金以外的其他各期所支付的现金等。

三、确定主表的“投资活动产生的现金流量净额”

1.收回投资收到的现金

收回投资收到的现金=(短期投资期初数-短期投资期末数)+(长期股权投资期初数-长期股权投资期末数)+(长期债权投资期初数-长期债权投资期末数)

该公式中，如期初数小于期末数，则在投资所支付的现金项目中核算。

2.取得投资收益收到的现金

取得投资收益收到的现金=利润表投资收益-(应收利息期末数-应收利息期初数)-(应收股利期末数-应收股利期初数)

3.处置固定资产、无形资产和其他长期资产收回的现金净额

处置固定资产、无形资产和其他长期资产收回的现金净额=“固定资产清理”的贷方余额+(无形资产期末数-无形资产期初数)+(其他长期资产期末数-其他长期资产期初数)

4.收到的其他与投资活动有关的现金

例如收回融资租赁设备本金等。

5.购建固定资产、无形资产和其他长期资产支付的现金

购建固定资产、无形资产和其他长期资产所支付的现金=(在建工程期末数-在建工程期初数)+(固定资产期末数-固定资产期初数)+(无形资产期末数-无形资产期初数)+(其他长期资产期末数-其他长期资产期初数)

注：(在建工程期末数-在建工程期初数)需要剔除利息。

在上述公式中，如期末数小于期初数，则在处置固定资产、无形资产和其他长期资产所收回的现金净额项目中核算。

6.投资支付的现金

投资支付的现金=(短期投资期末数-短期投资期初数)+(长期股权投资期末数-长期股权投资期初数)+(长期债权投资期末数-长期债权投资期初数)

注：(长期股权投资期末数-长期股权投资期初数)和(长期债权投资期末数-长期债权投资期初数)需要剔除投资收益或损失。

在该公式中，如期末数小于期初数，则在收回投资所收到的现金项目中核算。

7.支付的其他与投资活动有关的现金

例如投资未按期到位罚款。

四、确定补充资料中的“将净利润调节为经营活动现金流量”

1.净利润

该项目根据利润表净利润数填列。

2.计提的资产减值准备

计提的资产减值准备=本期计提的各项资产减值准备发生额累计数

注：直接核销的坏账损失，不计入。

3.固定资产折旧

固定资产折旧=制造费用中折旧+管理费用中折旧

或 =累计折旧期末数-累计折旧期初数

注：未考虑因固定资产对外投资而减少的折旧。

4.无形资产摊销

无形资产摊销=无形资产期初数-无形资产期末数

或 =无形资产贷方发生额累计数

注：未考虑因无形资产对外投资减少。

5.长期待摊费用摊销

长期待摊费用摊销=长期待摊费用期初数-长期待摊费用期末数

或 =长期待摊费用贷方发生额累计数

6.待摊费用的减少(减：增加)

待摊费用的减少(减：增加)=待摊费用期初数-待摊费用期末数

7.预提费用的增加(减：减少)

预提费用的增加(减：减少)=预提费用期末数-预提费用期初数

8.处置固定资产、无形资产和其他长期资产的损失(减：收益)

根据固定资产清理及营业外支出(或收入)明细账分析填列。

9.固定资产报废损失

根据固定资产清理及营业外支出明细账分析填列。

10.财务费用

财务费用=利息支出-应收票据的贴现利息

11.投资损失(减：收益)

投资损失(减：收益)=投资收益(借方余额以“+”号填列，贷方余额以“-”号填列)

12.递延税款贷项(减：借项)

递延税款贷项(减：借项)=递延税款期末数-递延税款期初数

13.存货的减少(减：增加)

存货的减少(减：增加)=存货期初数-存货期末数

注：未考虑存货对外投资的减少。

14.经营性应收项目的减少(减：增加)

经营性应收项目的减少(减：增加)=(应收账款期初数-应收账款期末数)+(应收票据期初数-应收票据期末数)+(预付账款期初数-预付账期末数)+(其他应收款期初数-其他应收款期末数)+(待摊费用期初数-待摊费用期末数)-坏账准备期末余额

15.经营性应付项目的增加(减：减少)

经营性应付项目的增加(减：减少)=(应付账款期末数-应付账款期初数)+(预收账款期末数-预收账款期初数)+(应付票据期末数-应付票据期初数)+(应付工资期末数-应付工资期初数)+(应付福利费期末数-应付福利费期初数)+(应交税费期末数-应交税费期初数)+(其他应付款期末数-其他应付款期初数)

16.其他

一般无数据。

五、确定主表的“经营活动产生的现金流量净额”

1.销售商品、提供劳务收到的现金

销售商品、提供劳务收到的现金=利润表中主营业务收入×(1+17%)+利润表中其他业务收入+(应收票据期初余额-应收票据期末余额)+(应收账款期初余额-应收账款期末余额)+(预收账款期末余额-预收账款期初余额)-计提的应收账款坏账准备期末余额

2.收到的税费返还

收到的税费返还=(应收补贴款期初余额-应收补贴款期末余额)+补贴收入+“所得税”科目本期贷方发生额累计数

3.收到其他与经营活动有关的现金

收到其他与经营活动有关的现金 = 营业外收入相关明细本期贷方发生额 + 其他业务收入相关明细本期贷方发生额 + 其他应收款相关明细本期贷方发生额 + 其他应付款相关明细本期贷方发生额 + 银行存款利息收入 (公式1)

在具体操作中，由于是根据两大主表和部分明细账簿编制现金流量表，数据很难精确，该项目留到最后倒挤填列，计算公式是：

收到其他与经营活动有关的现金 = 补充资料中“经营活动产生的现金流量净额” −[(1+2)−(4+5+6+7)] (公式2)

(公式2)倒挤产生的数据，与(公式1)的计算结果不会太悬殊。

4.购买商品、接受劳务支付的现金

购买商品、接受劳务支付的现金 =[利润表中主营业务成本 +(存货期末余额 − 存货期初余额)]×(1+17%)+ 其他业务支出 +(应付票据期初余额 − 应付票据期末余额)+(应付账款期初余额 − 应付账款期末余额)+(预付账款期末余额 − 预付账款期初余额)

注：其他业务支出需要剔除税金。

5.支付给职工以及为职工支付的现金

支付给职工以及为职工支付的现金 = “应付工资”科目本期借方发生额累计数 + “应付福利费”科目本期借方发生额累计数 + “管理费用”科目中的“养老保险金”、“待业保险金”、“住房公积金”、“医疗保险金” + 成本及制造费用明细表中的“劳动保护费”

6.支付的各项税费

支付的各项税费=“应交税费”各明细账户本期借方发生额累计数+“其他应付款”各明细账户借方数+“管理费用”中“税费”本期借方发生额累计数+“其他业务支出”中的有关税金项目，即：实际缴纳的各种税费和附加税，不包括进项税。

7.支付的其他与经营活动有关的现金

支付的其他与经营活动有关的现金 = 营业外支出 + 管理费用 + 销售费用、成本及制造费用 + 其他应收款本期借方发生额 + 其他应付款本期借方发生额 + 银行手续费

注：营业外支出需要剔除固定资产处置损失；

管理费用需要剔除工资、福利费、劳动保险金、待业保险金、住房公积金、养老保险、医疗保险、折旧、坏账准备或坏账损失、列入的各项税费等；

销售费用、成本及制造费用需要剔除工资、福利费、劳动保险金、待业保险金、住房公积金、养老保险、医疗保险等。

六、确定主表“汇率变动对现金及现金等价物的影响”

汇率变动对现金及现金等价物的影响=汇兑损益

利润分配等相关处理属于年末处理，因此，本月账务完成，可以直接结转下一期(如图12.16、图12.17所示)。

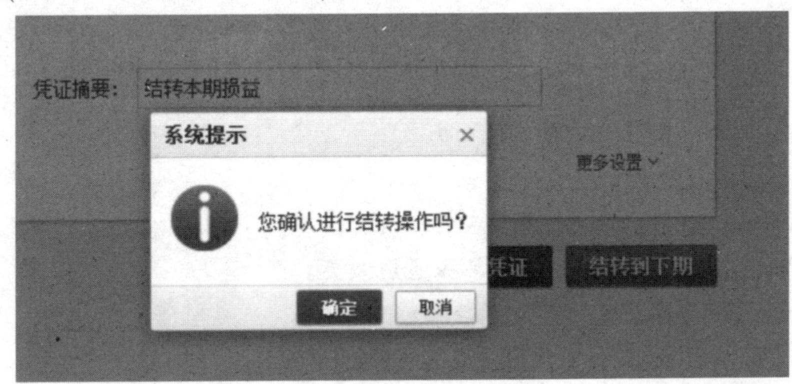

图12.16　结转本期损益

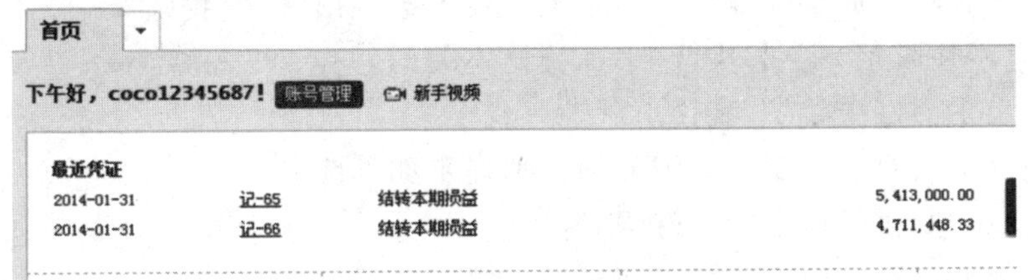

图12.17　结转损益成功

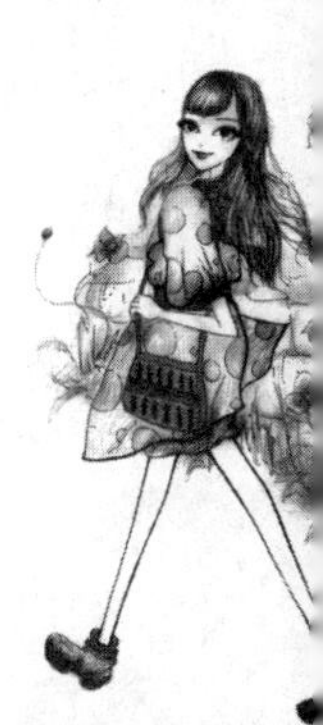

爱情假设

曼婷好些天没来过我这了，下班经过时，我敲了敲她房门。

门开了，她脸色憔悴，但见了我还是微笑。

我问："我可以进来吗？"

"当然。"她说。

"我特地来看你。"

"谢谢你。"她被感动了，眼睛红起来。

"你怎么啦，如果你要哭，尽管哭，我不会说出去。"我说。

她忍不住眼泪，抬起头，"不，我是不哭的。"

"哭出来会好受些。"我说。

"当一个人要自己拭干眼泪的话，那还不如不哭。"

我说："女孩子何必如此好强。"

"听你的口气，仿佛你是老辈了！"她说。

"你们吵架了对吗？"我关切地问道。

"嗯。"

"没关系，说不定等会他就会来找你。"

我想起我跟楚帆一般上午吵完，下午又好了。

"不会的，他不会找我的。"

"为什么？如果他不找你，难道你不会找他？"我问："你们还讲究这种花招吗？自尊心不应在这种时候施展。"

她看我一眼，解嘲地说："今天你说话愈发老成，你又不知道我与他之间的事。如果他坚持不肯离婚，我再与他拖下去，也没有意思。"

"啊，他有妻子？"

"你是不是也看不起我？"

"没有。"

“你仍爱他吗?”我问。“如果爱他，就顾不得了。”

她低头想了很久，然后说：“爱他就不顾一切?”

“当然，”我说：“现在你不是更痛苦?”

她取起电话筒，又放下。

“别三心二意，”我说：“你总不能一直与他这样下去。要不，你就直接离开他吧!”

“你是不是也觉得是我的错?”

“感情的事没有对错，不过，站在我们会计的角度上，你确实错了。”

“为什么?”

我想了想说：“你是学过会计的，你也知道所有的会计业务都隐含四个基本前提假设，没有这些基本前提假设，所有的会计业务就会全部被推翻。”

“是的，我知道，这四个基本前提假设是会计主体、持续经营、会计分期、货币计量。”

“那爱情有没有前提呢?”

“你也觉得有?”

“当然有，任何科学定理前面都有一个假设。真理与谬误之所以只有一步之遥，往往就是忽视了前提。”

“那爱情的前提假设是什么?”

“爱情主体、持续经营、爱情分期、货币计量。”

“跟会计一样?愿闻其详!”

“爱情主体：谈恋爱之前，你要明确谁是爱情主体，而爱情主体必须是两个人，且必须是发生在异性之间。否则，即使有了爱慕之情，也不能算是真正的爱情!所以我觉得单相思不叫爱情、同性恋不能算是爱情、三角恋同样不算。婚外情也不是爱情，因为婚外情只是婚姻的一种心理补偿，婚姻中有些东西没有得到满足，而到婚外去寻找，所以婚外情不是爱情的主体。只是男人到外面来透气的，男人到外面找感情的目的，不是为了结婚。”

“你怎么知道他不是为了结婚的目的?”

“他都已经结婚了。”

“噢，那持续经营呢?”

“根据持续经营的定义可以得出：真正的爱情，要求爱情的主体双方都必须是以持续经营为目的。作为爱情的主体，在主观上要有对爱情持之以恒、细心经营，让爱情之花永久盛开的期望，在客观上要有为之努力奋斗的行为。

反之，那些只图一时之快、只为掩盖一时空虚等短期目标的异性交往是算不上爱情的，像什么“一夜情”或者“什么不在乎天长地久，只在乎曾经拥有”都是不算真正的爱情。因为真正的爱情从一开始两个人的目标都是一致

的，想一生一世，白头偕老的。所以，婚外情不算真正的爱情，因为两个人的目的从一开始就不是一样的，也许你想跟这个男人一生一世，但我觉得男人找你的目的不是为了娶你回家，至少一开始他的目的不是这样的。最后就算娶了小三，也是被逼的。”

“是的，我是有逼过他。但是他说他们已经没有感情了。”

“他说他们结婚很多年了，没有感情了。”

“结婚很多年就没有感情了？”

“爱情也分期的：这是持续经营爱情的保证，要爱情主体在经营爱情的过程中，将爱情的发展过程人为地分成若干个不同的阶段，及时总结过去和构思未来。

婚姻不是爱情的坟墓，我觉得婚姻是恋爱的开始，婚前的谈恋爱阶段，是恋爱的筹备阶段，不然怎么会叫谈了，既然是谈的阶段，那说明还在讨论，还没确定，只有真正把手续办了，这才是进入恋爱的阶段。

心理学家，斯坦伯格认为，爱情应该有三因素：亲密、激情（性爱）、承诺。

结婚其实就是一种承诺。没有承诺的感情，算不上真正的爱情。口头承诺毕竟效力差了点。

随着后面的三年之痛、七年之痒，这都说明爱情在不同的阶段，需要不同的经营策略，每年最好都要年检一下，就像公司的年审报告一样。婚姻发展到一定阶段，很多人是七年，要上升到一个新的阶段，如果你没有前进，那你就只能后退。

这跟公司发展的生命周期很像，一般的公司发展到七八年这个样子：要么进入二次创业阶段，脱胎换骨，更上一层楼；要么就死了。”

曼婷一听到我说到年检的时候，突然笑了。

“小艾，你学会计有点走火入魔了，不过也并不是完全没有道理。”

“最后，就是货币计量了？”

“你觉得爱情需要金钱衡量？”

“是的，爱情结果的第一笔分录就是，

借：固定资产——太太

　贷：应付账款——结婚用的钱

　　　应付账款——彩礼

再说爱情是发生在人与人之间的，是社会属性和自然属性的统一，这是爱情的二重性。因此，爱情的生存与发展也必须要基于一定的物质基础之上。”

“那你说怎么衡量？多少为好？”

“这个不知道啦。”我想起婉晴、紫珞为了彩礼的事情而烦恼。不要彩礼吧，你是个便宜货；要彩礼吧，你是个贪财鬼。

“如果只是从货币计量的角度上来说，他还是对得住我的。”

“不能这么计量，不能以绝对数计量，而应该以相对数计量。”

“是吗？如果一个男人有一亿元，他给你1 000万元，另一个男人只有100元，他为你花了99元，你怎么选？”

“这个……"

曼婷把我难倒了。

感情太复杂了，不好计量。

“所以说，数字太冰冷了，它解释不了感情世界。”曼婷感叹道。

“谁说数字冰冷解释不了感情世界。你觉得这是什么？”我拿了一支笔在纸上写了个数字。

“72。”

“不是，是2跪下来向7求婚，7转过身去，傲慢地说，我才不嫁给你。”

曼婷笑了。

“那这是什么？”我继续写道。

“08？08是什么意思呢？不知道，你说是什么？”

“0对8说，胖就胖呗，还扎什么腰带？”

“哈哈哈。”

“还有这个。”

“83？83会是什么呢？”

“一天，8在街上看见3，连忙跑过去说，大哥，你咋被人砍成一半了？”

“哈哈，小艾你真可爱！”

“只要你开心就好。”

“小艾，你什么时候结婚？ ”

“这个看老天爷啦。”

“宿命论？”

“那倒不是，只是我觉得做任何事情都得讲究天时地利人和。”

“那婚姻的天时地利人和是什么？”

“婚姻的天时就是你想结婚了，他也想结婚了，你们都在彼此的身边；地利就是你们在同一个地方，不会一个在天南，一个在地北；人和就是你们的婚姻会被你们的父母及身边的亲朋好友祝福。”

“小艾，你又没有结婚，你怎么会有如此感悟？”

“我曾看过苏格拉底与柏拉图有关爱情婚姻的交谈，说的是柏拉图有一天问老师苏格拉底：‘什么是爱情？’

苏格拉底叫他到麦田走一次，要不回头地走，在途中要摘一棵最大最好的

麦穗，但只可以摘一次。柏拉图觉得很容易，充满信心地出去，谁知过了半天他仍没有回去。

最后，他垂头丧气出现在老师跟前诉说空手而回的原因：‘很难得看见一株看似不错的，却不知是不是最好。不得已，因为只可以摘一次，只好放弃，再看看有没有更好的，到发现已经走到尽头时，才发觉手上一棵麦穗也没有。’

这时，苏格拉底告诉他：‘那就是爱情。’

爱情是一种理想，很难达到，也很容易错过。

柏拉图有一天又问老师苏格拉底：‘什么是婚姻？’

苏格拉底叫他到杉树林走一次，要不回头地走，在途中要取一棵最好的杉树，但只可以取一次。柏拉图有了上回的教训，充满信心地出去，半天之后，他一身疲惫地拖了一棵看起来直挺、翠绿，却有点稀疏的杉树。

苏格拉底问他：‘这就是最好的树材吗？’柏拉图回答老师：‘因为只可以取一棵，好不容易看见一棵看似不错的又发现时间、体力已经快不够用了，也不管是不是最好的，所以就拿回来了。’

这时，苏格拉底告诉他：‘那就是婚姻。’

婚姻是一种理智，是分析、判断、综合平衡的结果。

柏拉图有一天又问老师苏格拉底：‘什么是外遇？’

苏格拉底还是叫他到树林走一次，可以来回走，在途中要取一支最好看的花，柏拉图又充满信心地出去，两个小时之后，他精神抖擞地带回了一支颜色艳丽但稍稍焉掉的花。

苏格拉底问他：‘这就是最好的花吗？’柏拉图回答老师：‘我找了两小时，发觉这是最盛开、最美丽的花，但我采下带回来的路上，它就逐渐枯萎下来。’

这时，苏格拉底告诉他：‘那就是外遇。’

外遇是一种诱惑，亮丽惹人，但稍纵即逝。

还有一次，柏拉图问苏格拉底：‘什么是幸福？’

苏格拉底说：‘我请你穿越这片田野，去摘一朵最美丽的花，但是有个规则：你不能走回头路，而且你只能摘一次。’于是柏拉图去做了。许久之后，他捧着一朵比较美丽的花回来了。

苏格拉底问他：‘这就是最美丽的花了？’柏拉图说道：‘当我穿越田野的时候，我看到了这朵美丽的花，我就摘下了它，并认定了它是最美丽的，而且，当我后来又看见很多很美丽的花的时候，我依然坚持着我这朵最美的信念而不再动摇。所以我把最美丽的花摘来了。’

这时，苏格拉底意味深长地说：‘这，就是幸福。’

其实，我觉得苏格拉底说的就是我们中国人常讲的天时地利，但是他没有说人和。我就把人和补进去了。哈哈哈！”

“那如果有一天你的婚姻，你的父母不看好，你是不是会放弃？”

“我会考虑这个问题，并让他们祝福。如果他们不祝福，就算结婚了，我想也会有很多问题的。”

“人说，漂亮的女孩都会很寂寞。小艾，你也很漂亮，你会寂寞吗？”

“会，人人都会寂寞，跟外表无关。”

“那寂寞的时候，你会干什么呢？”

“寂寞就读书，慢慢的你会把寂寞变成享受。”

那晚，我和曼婷聊了很久。人在交谈的时候，思路会越来越清晰，不管是对未来，还是对人生。我不仅仅是在鼓励她，也是在勉励自己。

第14章 思路转变

我又重新启用了一个账套，开始练习。

软件比较注重操作，需要不厌其烦地点击，慢慢就熟能生巧了。

其他软件的学习也如此，先做手工账，手工账做完后，做财务软件账，然后看做出来的报表是不是一样的。

我一直羡慕婉晴，她在大公司上班，那气派的办公大楼，冬暖夏凉的办公环境，宽敞干净的办公桌，免费的咖啡果汁，完善的工作制度和奖惩　　措施……

规范的账务处理，经验丰富的会计牛人，简明的文档，清晰的PPT，专业的邮件，高雅的素质，宽阔的视野，还有优厚的工资水平，不错的福利待遇，体面的工作单位，巨大的成长空间，难得的锻炼机会……

这些都是我所在的小公司没法比的。小公司一般分为两类，一类是真正的黑穷丑。

入职原因：实在没地方去了，毕业什么也不会，来做苦工吧。

缺点：加班是家常便饭、工资少得可怜、福利基本没有、事事都要你干；

优点：锻炼你顽强的意志力、培养你的愤怒血性，当然干得多了能力自然也会有提升，不过如果没有牛人带且自己也不是特强的话，你的视野应该是比较窄的。

另一类是有稳定业务、盈利还不错的公司，员工待遇也可以媲美大公司。

缺点：还是个人视野的问题，如果你个人能力很好，野心不是很大，在小公司也不错；

优点：至少福利待遇不会差，环境也还可以，因为公司小所以自己做的贡献领导比较容易看到，做2～3年可能就是公司的主干力量了，有成就感。

由于自己一直在小公司混，对大公司有着无比的向往之情。于是，我不断努力，不断参加各种面试，往大公司挤，最后，皇天不负有心人，终于拿到了心仪公司的offer。

进去后一下子觉得自己很厉害，因为自己的公司耳熟能详啊，可以和别人吹牛，也可以给自己的职业生涯贴贴金。干净的办公环境，每过一会儿就有人清理的卫生间；正版的操作系统、应用软件；公司项目用的新技术……一切的一切都那么新鲜，就像一个农村的傻大妞来到了城里看见了摩天大厦，豁然开朗。周围人也都是有4～5年工作经验的牛人……不像小公司就自己一个人在那里瞎琢磨。

可是大约半年后，新鲜感过了，就没什么感觉了。唯一的感觉就是工作无聊。

为什么会无聊？我一直想不明白。要知道，这可是我一直向往的公司啊。

直到后来，我才慢慢明白。

很多公司从前都愿意找能力强、资格老的人来干活，有点个人英雄主义在里面。一个优秀能干的员工能给公司带来很大的利益。

但是，凡事都有双面性。

现在这个社会，人才流动得很快。能力强的、聪明的人，虽说给公司带来过不少利益，但也经常给公司带来很大伤害，做几年就远走高飞的人太多了。他们的离开给公司造成了很大缺口，很多工作岗位都要好久才能补充上人员。总之，元气大伤。

这种情况见得多了，这些公司就精了。他们发现，不能让公司太依赖人才，而应该让人才依赖公司才对。管理层的最终作用，就是让谁离开了都无所谓，公司都能正常运作。所以，他们把各个部门划分得很细很细，每个人负责的东西很单一。这样一来，“术业有专攻”，效率上去了，经验积累了，工作都流程化了。渐渐地，公司的运作流程化了。结果就是，员工的工作就变得很单调了，没有太多的创造性在里面。什么创意、可靠性、稳定性等都有专人做了，你就只需要拿个小手册，按规矩做好你那一份子事情就可以了。到最后，对公司来说，就是谁都不重要了。

总体来说，现在规模越大的公司，分工越细，对人才的要求就越低。反倒是小公司需要多面手，但是很多人不屑于去，所以大家都开始抱怨。

因此，不要以为你进入大公司就前途一片光明了。在大公司里学做人，小公司里学做事。如果想技术上有造诣，工作中的经验积累只是一方面，想要有突破，还是得要靠自己业余深造！不然的话，路会越走越窄。

时间流逝得悄无声息，日子从我手中不经意地溜走，像针尖上的一滴水滴在大海里，没有声音，也没有影子。

一天，我接到韩雪的电话，要我去参加一个老乡会。

韩雪，跟我来自同一个地方，以前我们也见过几次。我记得有一次，她跟

我借中级职称证，我没理她，那时候，她好像跟人一起合伙开了个财务公司，而我刚刚考完中级，心里百般珍惜，想着自己奋斗了这么多个日子，付出了这么多，怎能不珍惜，再加上，我看不起他们做财务公司的，做的都是皮毛账，搞的都是零杂碎，所以没搭理她。

现在她竟然不计前嫌，仍然打电话通知我参加老乡会，我多少还是有点不好意思。

参加聚会的时候，当我得知她早已买房买车，月入3万元的时候，我彻底惊呆了。

要知道，在企业做财务，从助理人员开始，随着岁月流逝，经验积累，慢慢做到职业经理人，至少需要3~5年。5年之后，能拿月薪几万的人，真的不多。但是，他们开一个破财务公司，一个月挣3万块，却不是难事。只要地段选得好，比如选中新开办的格子铺写字楼，就会有业务。因为那里的客户要求极低，每月零申报，账务处理也就是个0，结转一下而已，几分钟就可以搞定一个公司，几百块就到手了。然后业务熟练，生意会更有保证。

那一天，我的思维彻底被颠覆了，我一直认为在大企业里做财务才是真正的财务。现在看来，财务公司也是财务。不是说财务就一定是融资，是资本运作，是内控，是高端的税务筹划、战略预算，等等。人家对工商、税务流程非常了解，那也是一种技能。就好像您会开车，您开车绕着山城转一圈，肯定就没有的士司机这么熟练。哪怕您用着最好的GPS导航仪，但人家的士司机，还没上路，就知道哪个地方有个坑，哪个地方临时在修路，哪个地方会堵车，这就是技能。

每个人都需要技能，然后分析自己的技能能服务什么样的人，接着去寻找属于自己的客户。

那我有什么技能？我想，我会记账，我是不是也自己去找几家公司来代理记账？还有，我终于学会了财务软件，我可以用财务软件记账，这样更快。

可是我没有客户。

我该去哪里寻找客户呢？

现在做代理记账的财务公司和会计师事务所太多了，你要在众多的财务公司眼皮底下抢食，是需要勇气的。当然除了要有勇气，还要有智慧。

首先我得找到现在代理记账公司的弱点，这样我才有说服力，才有机会。

经过思考，我总结了以下几点：

1.不要以为代理记账公司就比我个人好，现在设立门槛太低，广场跳舞大妈也可以开，毫无专业可言。

前几年，开设这样的公司还需要财政部门审批，这几年随着市场化改革的进程，政府的审批权力减少，已经不需要财政部门审批。开设这样的公司如同开设其他一般公司一样，在营业范围内就可以经营了。代理记账行业的门槛太低吸引了大量新公司的加入，而在这些新加入的公司中，有很多公司资质很差、甚至是没有任何具有会计中级职称以上的专业人员。

好歹我还有会计中级职称，并且工作好几年了，大公司小公司我都做过。不行的话，我还可以把我的简历及职称证书都拿给你看，你可以核实。

2.在代理记账公司中，你的账可能永远都是实习生“小白鼠”，练熟就走。

由于代理记账行业收入并不高，因此导致人员流动过于频繁，很多人在干了一段时间后就主动离开。特别是从专业学院的毕业生，他们毕业后往往没有实践经验，因此想要找到合适的财务工作可能较困难，而一旦在代理记账公司工作一段时间后，经过培训和学习，有了长足的进步，就会嫌收入少而迅速离开公司。被代理记账的公司完全沦为大学刚毕业毫无经验的实习生的“小白鼠”，拿你公司的账练手。你把账教给我做，我可是有过好几年会计工作经验的人，而且，做过很多公司的账，我的简历上有电话，你可以核实。

3.很多代理记账公司低价竞争，大量接单，乱记账、不记账就报税比比皆是。

代理记账公司也要赚钱、生存，和任何生意一样，要赚到钱，必须要一定数量的客户，同时还要尽量减少成本开支。代理记账公司通过低价冲量获取客户，然后大量使用刚毕业的学生以减少成本开支。毫无经验的毕业生面对大量的客户公司要记账，结果造成乱记账、不结记账的现象比比皆是。记账客户数量多，意味着账根本不会被认真检查，很多问题就在账上，没有问题都变成有问题。最后结果就是，代理记账公司收取原始单据，收取费用后，就不管客户的账务处理。

我们目前在市场上看到的代理记账公司宣传自己如何强大。拥有多位专业的注册会计师、税务师、高级审计师、高级会计师，以及一支专业技能过硬、经验丰富的财务精英团队等等，这些都是浮云。

其实，很多开代理记账公司的老板，脱胎于代办证照、代理注册、代垫资金办照业务的，因为注册公司结束以后，客户的很多资料都在他们手上，而且很多客户为了减少麻烦，再加上财务、税务服务是很专业的服务，很多企业的老板，特别是处于创业阶段的老板，不是很懂这方面的专业知识技能，所以无法判断为其提供服务的公司的质量高低。对其中隐含的风险特别是税务风险根本不知道。再加上财务记账的好坏目前还没有一个直接、方便的判断标准，客户也就懒得挑选对比各种代理记账公司，听之任之。而这些记账公司的人本身就不是会计专业出生，再找一帮实习生做账。仅懂点报税的皮毛，就夸口称自己是税务专家，精通税法，其实他可能根本没有注册税务师、注册会计师，甚至是中级会计师职称都没有。

而你把账交给我个人做，首先我的专业实力，你可以验证，其次，你可以复印我的身份证，随时找得到我。说白了，我就是一个你招聘的会计，一个专业实力过硬有着丰富工作经验但不需要你发工资的会计。

这样一分析，我发现我个人代理记账还是有市场的，关键是我该如何找到业务突破口，我得让别人知道我能代理记账啊。那怎样才能让别人知道呢？打广告?没钱。发传单，去哪印？怎么印？印完去哪发？成本大概多少？于是一系列的细节问题都出来了。

我把日记本拿出来，开始思考整理自己的思维。突然，灵光一闪，我想起了于伯。那个管理康庄大厦写字楼的老伯。康庄大厦虽然不大，也很破，但是，里面还是有不少公司，而且新成立的公司比较多，便宜嘛。于是，我决定去看看于伯。

一到周末，我赶紧买点礼品和水果，去了康庄大厦。

于伯一见我，就说："小艾，好久没看到你了。你是来找王先生的吗?"

"不是，不是，噢，是的，是的，不过我最主要的还是来看看你。"

"看我?"于伯一脸惊诧。

"是这样的，还记得有次突然刮暴风雨的事情吗？我们公司周末没人，多亏你及时帮忙关好门窗，不然我们的损失可大了。王先生让我代表公司好好感谢你，可是后来一忙，我就忘了，最近王先生突然问起这件事，我才想起来。我现在给你赔礼谢罪来了!"

"这是我们物业管理应该做的。王先生真是有情有义啊。这点小事他还惦记。"

"主要是我工作失职，你可千万别跟王先生说。"

"没事没事，我不会跟王先生说的。最近好像好久都没看到你了。你去哪高就了?"

"噢，我在家上班。"

"在家上班?"

"是这样的，我现在主要在家里帮人代理记账。"

"自己当老板啦?"

"没有没有，我只是想做个自由职业者。"

"那业务怎么样?"

"嗯，还不错。现在很多人都创业，而新成立的公司都需要代理记账。他们需要像我这样的会计。"

"你成立代理记账公司了?"

"没有。现在的老板都不找代理记账公司了。"

"为什么?"

我就把已经分析好的代理记账公司的现状劣势一条一条的慢慢跟他说。于伯听了，觉得我说得很在理。

最后，我不忘把名片给了于伯一张，让他也帮忙照顾照顾我的生意。于伯连声说好好好，有新公司搬进来就给我介绍。

正说着，王俊远竟然进来了，礼貌地跟于伯打了声招呼。

接着他看见我坐在那，很惊讶："小艾，你怎么在这？"

我一下子就傻眼了，幸亏于伯脑筋转得快。

"小艾现在在做代理记账，最近我们大楼新搬进了一家公司，我让她过来看看。"于伯跟王俊远说道。

"小艾，你现在自己做了？"王俊远问道。

"是的，王总。"

"别那么客气，你现在自己都要当老板了，还叫我王总。那我以后是不是得叫你艾总啊。"

"不，不，不，我还是喜欢您叫我小艾。"

"噢，我想起来了，我有一个哥们，最近新成立了一家公司，正在找会计。我给你介绍一下。"

"好啊，谢谢你，王总。"

"不用谢，要不，我们公司的账你也做了？"

"你不是已经有会计了吗？"

"我准备让她专职做内账。"

"好啊。"

"你打折不？"

"王总，您的账我免费做也行。"

"免费？我怎么好意思让你白干，那就还按原来给你们事务所的价吧。"

"谢谢王总。"

没想到我第一笔业务就这么做成了。真是应了那句话，好好对待你身边的人，你会有福报的。作为一个会计，永远都不要抱怨你的老板，因为有一天他可能会成为你的客户，甚至会为你带来更多客户。所以，你不是在为老板工作，而是在为你自己工作，你要时刻站在老板的角度想问题，好好地为他服务，要知道顾客就是上帝。不要看不起自己的老板，不要觉得老板什么都不懂，如果老板什么都懂了，那还要你干什么。

第15章 蝴蝶自来

现在很多人都想着如何提升职场EQ，如何升职，特别是《杜拉拉升职记》一炒，职场EQ更加火热。

然而这个世界上还是要靠本事吃饭的，所谓本事就是技能，纵观历朝历代，最后那些没有一技之长的都死了，而存活下来的都是有技能的。

因为狡兔死、走狗烹，江山打下来后，皇帝做的第一件事就是开始杀功臣。

在职场上也一样，就算你升上去了，如果你没有一技之长，朝代更迭的时候，你该放在哪个位置?

如果有一天你离职了，你没了名片，没了头衔，那你还有什么。

我逐渐开始盘点自己的技能，我是一个会计，我的技能就是记账报税，如果我学精了，我还能像杜老师那样去做培训，教别人做会计。我开始越来越热衷给杜老师做助理，哪怕有时候是免费做助理，我也愿意。因为我可以向他学习，除了学习他的知识技能之外，还可以学习他的讲课风格、技巧，甚至表达方式。

于是，我又开始多了一项技能——培训。

我开始变得越来越忙了：白天上班，晚上代理记账，周末有时候去给杜老师帮忙。

有一次，我跟杜老师商量：能给个机会让我上课吗？你不用给我钱，我只是想锻炼一下自己在众人面前说话的胆量。

杜老师想了想同意了。后来，杜老师在课程设计的时候会把我安排进去。于是，我成了他的半个讲师。

由于忙碌，楚帆经常打电话找不到我。有一天，他来到杜老师的培训教室找我，阴沉着脸。回去后，我们大吵一架。

从小父母都告诉我，女孩子要努力，要奋斗，要好好学习，要靠自己。可是突然有一天，他们却一改从前的态度，不断地告诉我，工作不要那么努力，不要那么辛苦，女孩子最重要的是找一个如意郎君，然后学习做一个贤妻良母。以前母亲最开心的是自己的女儿学习成绩还不错，工作也很努力，而现在她最揪心的是自己的女儿不会做家务，以后嫁到别人家怎么办。于是，我成长了20多年的人生观、价值观面临颠覆。

母亲开始试探我，总是问："楚帆现在还好吗？什么时候，带他一起回来。"

我回答说："他还好，就是有点忙，等他有时间了，我问问他。"

我不想告诉妈妈，他已经有一个星期没理我了。虽然，我们以前也经常吵架，但一般都是上午吵，下午就好，从来没像这次一样。有时候，我在想，他可能永远都不会理我了。

婉晴终于结婚了，管什么彩礼不彩礼，她直接拿着户口本，跑到民政局花了9元钱办理了结婚证。用她妈妈的话来说就是"女大不中留"，自己一分彩礼钱没收，还倒贴了一套房，亏大了。不过，只要子俊对她好就行了。

杜老师相亲成功了，对方是一个中学老师，父母据说是做生意的，家境还不错。那女孩长得挺文静秀气的，有一次，我在大街上，刚好撞上，他们正在挑衣服。

我感觉所有的人都不理我了。

一种深深的孤独笼罩着我，我一个人静静地待在屋里，哪也不想去。

突然，感觉头顶上有响声，我抬头一看，只见曼婷，正在轻轻地敲我的天窗。

我连忙踩着桌子把阁楼旁的天窗反锁打开，曼婷纵身一跃，就跳进来了。

"我进来坐一会儿，你介意吗？"

"欢迎之至。"

"发生了什么事？"我问。

她低声说："他们俩夫妻找我，在前面敲门，我心很烦，到你这里来定一定神。"

"怎么可以！"我说："他没有表示？"

"他怕都怕死了，妻子叫他做什么，他便做什么，动都不敢动。"

"那当初他为什么要爱上你？"

她悄声说："我觉得他从来就没有爱过我。"

"根本就是这样。"我说。

她叹了口气。

"我决定搬走了。"

"去哪里？"

“去南方。”

“南下?”

“是的，离这里远远的。”

“你十分爱他，是不是?”我问。

“是，我确是爱他，但是他不爱我。”她说。

“你总会找到爱你的人，你放心。”我安慰她。

“可是，我年龄大了，我浪费了好多时间。”

“没关系，一切都会好起来的。”

“小艾，你什么时候结婚?”

“我不知道，随缘吧。”

“你也得抓紧啊，会计原理告诉我们，女孩子一定要及时将自己嫁出去。如果一个女孩子过了24岁的花样年华还未嫁出去，就要按平均年限法计提折旧了；如果等到28岁仍然待字闺中，对不起，要变更为双倍余额递减法计提折旧了；如果到30岁了，还孤身一人，加速法已不能真实反映其贬值的速度了，该下猛药了，只好大额计提减值准备。我现在已经是双倍余额递减了，再过两年，就要大额计提减值准备了。小艾，你也要计提折旧了吧，赶紧啊。”

“没关系，只要我们努力，只要我们有信心，就算被剩下了，也要找到如意郎君，硬生生地将计提的减值准备转回。

借：固定资产减值准备

　贷：资产减值损失。”

“小艾，谢谢你的鼓励，你真好!”

过一会儿，她侧耳细听说：“他们走了，我得回去了。”

“再见，好好睡。”我说。

她又自窗口跳出去。

曼婷走了，开始自己新的旅程。这个年龄已经不允许不成熟了，当一个人无力把握命运中的某种爱，某种缘，某种现实，就必须学会放手。给自己身心一个全新的开始，只要信心在，勇气就在；努力在，成功就在。

把自己经营成女皇，自然吸引来帝王；把自己经营成公主，自然吸引来王子；把自己经营成美女，自然吸引成英雄，你若盛开，蝴蝶自来!

当一个女人在无法改变现状时，只能先改变自己。女人要舍得投资自己，读书是最便宜的投资。当你失意的时候，你更要读书，因为它可以帮你抵抗寂寞，培养你抵抗寂寞的能力。要知道寂寞是对人性的缓慢破坏。寂寞相对于人的心灵，好比金属锈相对于某些容易生锈的金属。但不是所有的金属都那么容易生锈。金子就根本不生锈。不锈钢的拒腐蚀性也很强。而铁和铜，我们都知道，它们极容易生锈，就像体质弱的人极容易伤风感冒。

读书思考，抵抗寂寞，增强心灵体质，把自己变成金子。

王俊远给我介绍了好几个客户，虽然每个客户一个月的代理记账费就那么200～300元，总共加起来还不到1 500元，但是我还是很高兴，至少自己工资涨了1 000元多啊。要知道，在单位工资涨1 000元，有多难！按公司的规定，每年工资的涨幅一般是5%～8%左右，大部分人都是5%。就算你今年月薪是10 000元，那明年涨5%，也不过500元，得熬1年啦。还是自己给自己涨工资容易些。

我慢慢发现了新的门路。小公司的业务增长了，小规模纳税人得升级为一般纳税人。

于是，我给老板写了个财务计划方案，告诉他升为一般纳税人的好处以及不升的坏处，并且告诉他此项业务我可以免费帮其办理。不过，小规模纳税人升级为一般纳税人后，代理记账的收费标准就从每个月300元变成800元了。如果，您愿意，我现在就开始为你办理。

大部分老板都会同意，毕竟升级为一般纳税人是好事。于是，每升级一家我每月工资又涨了500元。

随着老板公司业务越来越多，手工账已经不能满足他们的需求。于是，购买财务软件甚至小型ERP系统势在必行。我开始帮其联系各种财务软件厂家。软件这东西，高科技产品的名义就是响亮，老板们掏腰包也掏得很爽快。而每卖出一套软件，我就可以获得提成1 000多元。凭着我对财务软件的熟悉，我完全可以成为软件代理商了。

所谓情场失意，但职场得意，老天爷也算是待我不薄了。

只是夜深人静的时候，我会想起楚帆，我不知道他是什么意思，就这么不见人影了。我想打个电话问问他，让他给我一个交代，可是交代什么呢？有什么好交代的呢？不要你了，就是不要你了，失去了爱情，已经够痛苦了，难道还要失去尊严？

一眨眼，一个月过去了。

人说，失恋一般33天就可以治愈，只要你能积极振作熬过那33天，你的痛苦就会慢慢减少。而我发现其实痛苦不是减少，而是被慢慢隐藏在心底，不去碰触它。

一天傍晚，下班，在公交车上，突然下起了大雨。我又没有带伞，于是下了车后，我就拼命地往前跑，跑着跑着，突然感觉后面有人追我，回过头一看，竟然是楚帆。

他气喘吁吁地跑了上来。

“小艾，你怎么跑得那么快？你不是体育很差吗？”

“没有伞的孩子就得学会努力奔跑。”

“我有伞。他把伞挡在我头上。”

“你有伞，我没伞。”

“我的就是你的。”

“你的怎么会是我的?”

“回去说吧!”

说完他把雨衣往我身上一披，拉着我就往家跑。

回到家里，他打开背包，把里面所有的东西都拿了出来。

“这是我的工资卡及存折，这些年上班剩下的工资都在这了，总共235 499元，这是我父母给你的彩礼金。”

我拿过来一看，是一张存折，里面有100 000块钱。

“这些都是我看过的样板房图纸，算了一下，差不多能付个首付。看你喜欢哪一套?”

“小艾，我们结婚吧!”他把我拉入怀里。

我突然不知道该说什么才好了。

“为什么这些天，你都没打个电话给我?”我抱着他问道。

“我想给你一个惊喜。那你为什么也不给我电话?”

“我以为你不要我了。”

我和楚帆要结婚了，杜老师从口袋里掏出一个小盒子，双手奉上:“这是我准备了多时的礼物，一直打算送你。”

他的神情有点尴尬和紧张，“我的意思是，早在听到你的好事将近时，就把礼物买下来了，总未有机会相赠。希望合你心意，你会喜欢。”

我拆开礼物一看，在一个黑丝绒的锦盒内，放着一只光芒四射的一克拉左右的钻石戒指。

“这个礼物太贵重了。我不能接受。”

“那你就帮我处置吧。”

“这……，我先替你保管着，有机会物归原主。”

“还有，下个月，我也要结婚了，希望你能参加我的婚礼。”

“恭喜你!”

半年后，在杜老师妻子生日那天，我买了一束玫瑰花连同这枚戒指，以杜老师的名义寄送归还给了她。

下　篇

优秀是训练出来的

我们都知道动物需要训练，比如训练老鼠的应激反应、训练犬听懂人的指令。受过训练的狗能做到停下、坐下、安静、按要求叼取食物。看到那些训练有素的导盲犬帮助盲人安全过马路，我们都会惊叹，好厉害。我们不知道如何训练狗，所以总是认为自家的狗很笨。但是在养犬中心，即使十几岁的笨狗也能训练得很好，所以优秀是训练出来的。

人也一样，一位哺乳期的妈妈传授经验，当婴儿吃奶咬妈妈乳头的时候，妈妈会感觉很疼。每次她被孩子咬的时候，她就会轻轻地拉拉小宝贝的头发（当然，没有头发的小宝贝不适用）。这时，小宝贝不是在受惩罚，而是在接受感觉互换的训练。婴儿学会不再咬手指或舌头是在他感觉自己疼的时候，他并不知道为什么不能咬，只是大脑储存了疼痛的信息。在咬疼了自己两三次后，疼痛和每次的咬联系起来，他觉得这样做不舒服，从此孩子就不再咬小手指和舌头了。

满食物的饭碗，一只手抱着孩子喂他
就会把碗放到孩子拿不到的地方。而
把碗放在孩子容易拿到的地方。当
打一下孩子的小手，孩子就会缩回
和地重复说一声“不行”，再打一下
碗，可以让他好好吃饭了。这种重
能用来训练婴儿的正确行为。要记
他接受感觉互换。

的，而训练的过程就是寻找的过
训练的目的不仅仅只是让我们知
识，训练的目的是给我们实际运
习的时候，教官叫你三点要成一

条直线你就瞄准了。这是知识，怎样可以打得准呢，要经过训练，要练习打靶，通过打靶练习怎样叫做三点成一直线。

很多人有知识，但是不会运用，他没有这个技能。就像我们在学校学习了很多会计知识，但是却不敢一个人到企业接全盘账，说明你有知识，却没技能。而会计恰恰是一门技能，它需要训练，只有训练才能找到感觉。

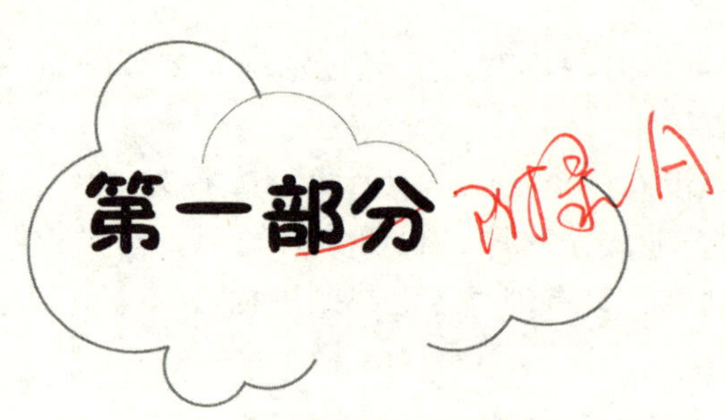

第一部分

手工账

一、填制记账凭证

重庆宝迪公司真实原始单据一本（具体查看本书附加内容），可以沿虚线剪开。

宝迪公司本月期初科目余额（即上月科目期末余额）如表1-1所示：

表1-1　　期初科目余额表

编制单位：重庆宝迪电子有限公司　　20××年6月　　单位：元

科目名称	方向	期初余额
库存现金	借	22 669.80
银行存款	借	6 099 876.26
其他货币资金——银行承兑汇票保证金	借	1 000 000.00
应收票据	借	2 000 000.00
应收账款	借	149 400.00
预付账款	借	170 000.00
坏账准备	贷	7 470.00
原材料	借	2 900 000.00
库存商品	借	3 900 000.00
固定资产	借	1 260 000.00
累计折旧	贷	217 246.53
无形资产	借	600 000.00
累计摊销	贷	55 000.00

科目名称	方向	期初余额
短期借款	贷	800 000.00
应付票据	贷	2 000 000.00
应付账款	贷	500 000.00
预收账款	贷	1 000 000.00
应交税费—应交城市维护建设税	贷	2 076.89
—应交个人所得税	贷	6 000.00
—未交增值税	贷	29 669.87
—教育费附加	贷	890.10
—地方教育费附加	贷	593.40
实收资本	贷	12 000 000.00
盈余公积—法定盈余公积	贷	185 903.66
利润分配—未分配利润	贷	1 297 095.61

注：为了节省空间，期初无余额的会计科目省略，本期有发生额时再添加。而在实际工作中，此表格要按全部常用会计科目设置，并设置表内公式及与会计报表的表间公式，作为模板，可以大大减少工作量，提高工作效率。

宝迪公司20××年6月初往来账款主要明细如表1-2所示：

表1-2　**往来账款主要明细表**　单位：元

会计科目	客户/供应商名称	期初账面余额
应收账款	北京迪康医疗设备有限公司	100 000.00
应收账款	重庆健心医疗设备有限公司	37 400.00
应收账款	北京康福医疗设备有限公司	12 000.00
预收账款	常州静安医疗设备有限公司	1 000 000.00
应付账款	深圳蓝莓电子设计研发中心	500 000.00
预付账款	深圳中天电子设计研究院	170 000.00

宝迪公司20xx年6月期初原材料明细表如表1-3所示：

表1-3 **原材料明细表**

原材料名称	数量	单位	单价	金额（元）
主控单元件	15 000	个	100	1 500 000
钛合金	8 000	毫克	100	800 000
无线通信单元件	3 000	个	200	600 000
合计				2 900 000

宝迪公司20xx年6月期初库存商品明细表如表1-4所示：

表1-4 **库存商品明细表**

库存商品名称	数量（个）	单价（元/个）	金额（元）
可充电迷走神经刺激器	2 000	1 200	240 000
不可充电迷走神经刺激器	1 500	1 000	1 500 000
合计			3 900 000

做账之前，先把单据沿着虚线剪开，摆在桌子上，就跟在企业里一样，你的办公桌上总是会有这样那样的原始单据，乱七八糟的，需要你去整理。你得学会看单据，知道每一张单据反映的是什么经济业务，然后，把相关的经济信息转换成会计语言，即做会计分录。

把会计分录及相关的信息，抄在记账凭证模板上，就叫填制记账凭证。

填完记账凭证后，记得把对应的原始单据附在后面。

微信扫描下面的二维码，查看大家分享的在学习或工作中填制记账凭证的视频和图片，同时也欢迎你分享你填制的记账凭证。

关注小艾上班记微信公众号（xiaoaicoco），回复数字705，查看。

各种记账凭证必须按规定及时、准确、完整地填制，基本要素填写要求如下：

■日期的填写：现金收付记账凭证的日期以办理收付现金的日期填写；银行付款业务的记账凭证，一般以财会部门开出付款单据的日期或承付的日期填写；银行收款业务的记账凭证，一般按银行进账单或银行受理回执的戳记日期填写；月末结转的业务，按当月最后一天的日期填制。

■摘要的填写：一要真实准确，其内容与经济业务的内容和所附原始凭证的内容相符；二要简明扼要，书写整齐清洁。

■会计科目的填写：应填写会计科目的全称或会计科目的名称和编号，不得简写或只填会计科目的编号而不填名称。需填明细科目的，应在"明细科目"栏填写明细科目的名称。

■金额的填写：记账凭证的金额必须与原始凭证的金额相符。在记账凭证的"合计"行填列合计金额，阿拉伯数字的填写要规范；在合计数字前应填写货币符号，不是合计数字前不应填写货币符号。一笔经济业务因涉及的会计科目较多，需要填写多张记账凭证的，只在最末一张记账凭证的"合计"行填写合计金额。

■记账凭证附件张数的计算：记账凭证一般附有原始凭证。附件张数的计算方法有两种：一种是按构成记账凭证金额的原始凭证(或原始凭证汇总表)计算张数，如按转账业务的原始凭证张数计算；另一种是以所附原始凭证的自然张数为准，即凡与经济业务内容相关的每一张凭证，都作为记账凭证的附件。凡属收付款业务的，原始凭证张数计算均以自然张数为准。但对差旅费、市内交通费、医疗费等报销单据，可贴在一张纸上，作为一张原始凭证(报销清单)附件。

■会计分录的填制：不同类型的经济业务不得填制在一张记账凭证中，也不得对同类经济业务采取大汇总的办法填制记账凭证。转账凭证和通用记账凭证应按先"借"后"贷"的顺序填列。不得填制"有借无贷"或"有贷无借"的会计分录。

■记账凭证的编号：会计人员应及时对记账凭证予以编号。记账凭证无论是全部作为一类编号，还是按收、付、转编号，均应按月从"1"开始顺序编号，不得跳号、重号。业务量大的单位，可使用"记账凭证编号销号单"，在装订凭证时应将销号单放在记账凭证汇总表之后，使记账凭证的编号、张数一目了然，以便查考。一组会计分录使用两张以上记账凭证，应按顺序用"带分数"编列分号，两张凭证之间不要填写"过次页"、"承前页"。例如，第8号会计事项有三张记账凭证，编号分别为8 1/3号、8 2/3号、8 3/3号。

■签名或盖章：记账凭证上规定有关人员的签名或盖章，应全部签章齐全，以明确责任。财会人员较少的单位，在收、付记账凭证上，至少应有两人(会计和出纳)的签章。一张记账凭证涉及几个会计记账的，凡记账的会计均应在“记账”签章处签章。会计主管对未审阅过的记账凭证，可以不签章，但仍应对其合法性、准确性负责，收、付款记账凭证还应由出纳人员签章。

■对空行的要求：记账凭证不准跳行或留有余行。填制完毕的记账凭证如有空行的，应在金额栏划一斜线或“S”形线注销。划线应从金额栏最后一笔金额数字下面的空行划到合计数行的上面一行，并注意斜线或“S”形线两端都不能划到有金额数字的行次上。

■填写要求：填制记账凭证可用蓝黑墨水或碳素墨水，特殊情况下才可以用红字填制。

通俗地讲，就是：

1.记账凭证的日期，应以财会部门受理经济业务事项的日期为准（年、月、日应写全）。

2.填制记账凭证时，应当对记账凭证进行连续编号。

3.记账凭证的摘要，应简明扼要，说明问题。

4.会计科目内容，记账方向及金额填制应做到：

（1）填制会计科目时应先填写借方科目，后填写贷方科目，且借方金额合计数与贷方金额合计数应当一致；

（2）每张记账凭证只能反映一项经济业务，除少数特殊业务外；

（3）在记账凭证合计行金额数字前必须填写人民币符号；

（4）记账凭证填制完经济事项后，如有空行，应当自金额最后一笔金额数字下的右上角处至最底一行的左下角处划一条对角斜线注销；

（5）记账凭证所填金额要与所附原始凭证或原始凭证汇总表的金额一致。

5.记账凭证应附原始凭证。

记账凭证的日期，应以受理经济业务的日期为准。

另一个就是，虽然我们学会计原理的时候，会涉及收款凭证、付款凭证和转账凭证，但是在实际应用中，我们一般都使用通用记账凭证。

重庆宝迪公司所有的业务分录答案，请自己先根据单据填制，填制完毕后再扫描下面的二维码查看。

关注小艾上班记微信公众号（xiaoaicoco），回复数字706，查看。

《小艾上班记7》记账凭证分录答案如下：

（1）借：应收账款——北京迪康医疗设备有限公司　　3 510 000
　　贷：主营业务收入——可充电迷走神经刺激器　　3 000 000
　　　　应交税费——应交增值税（销项税额）　　510 000

（2）借：预收账款——常州静安医疗设备有限公司　　1 000 000
　　　　应收账款——常州静安医疗设备有限公司　　1 340 000
　　贷：主营业务收入——不可充电迷走神经刺激器　　2 000 000
　　　　应交税费——应交增值税（销项税额）　　340 000

（3）借：应收账款——北京安福医疗设备有限
　　贷：主营业务收入——不可充电迷走神经刺激器　　360 000
　　　　应交税费——应交增值税（销项税额）　　61 200

（4）借：销售费用——运费　　5 580
　　　　应交税费——应交增值税（进项税额）　　420
　　贷：银行存款　　6 000

（5）借：应收账款——北京康福医疗设备有限公司　　42 120
　　贷：其他业务收入　　36 000
　　　　应交税费——应交增值税（销项税额）　　6 120

（6）借：其他业务成本　　30 048
　　贷：原材料——主控单元件　　30 048

（7）借：固定资产清理　　90 000
　　　　累计折旧　　60 000
　　贷：固定资产——甲机床　　150 000

（8）借：应收账款——重庆佳慧有限公司　　104 000

贷：固定资产清理 104 000

（9）借：固定资产清理 2 000

贷：应交税费——未交增值税 2 000

（10）借：固定资产清理 12 000

贷：营业外收入 12 000

（11）借：原材料——主控单元件 2 005 580

应交税费——应交增值税（进项税额） 340 420

贷：应付账款——深圳蓝莓电子研发设计中心 2 340 000

——M市飞快运输有限公司 6 000

（12）借：原材料——钛合金 1 100 000

应交税费——应交增值税（进项税额） 187 000

贷：预付账款——深圳中天电子设计研究院 170 000

应付账款——深圳中天电子设计研究院 1 117 000

（13）借：原材料——无线通信单元件 2 000 000

应交税费——应交增值税（进项税额） 340 000

贷：应付账款——常州双明电子研发设计中心 2 340 000

（14）借：原材料——其他材料及配件 100 000

应交税费——应交增值税（进项税额） 17 000

银行存款（多余款退回） 3 000

贷：其他货币资金——银行汇票存款 120 000

（15）借：固定资产——甲设备 50 558

应交税费——应交增值税（进项税额） 8 542

贷：银行存款 59 100

（16）借：管理费用——办公费 600

贷：库存现金 600

（17）借：销售费用——差旅费 200

贷：库存现金 200

（18）借：管理费用——业务招待费 4 000

贷：其他应收款——销售部——叶子（按实际借出现金） 3 500

库存现金（报销金额大于借款金额，将差额支付给借款人） 500

（19）借：应交税费——未交增值税 29 669.87

——应交城市维护建设税 2 076.89

——教育费附加 890.10

——地方教育费附加 593.40

——应交个人所得税 6 000

管理费用——印花税 262.36

贷：银行存款 39 492.62

（20）借：销售费用——广告费 10 000

贷：银行存款 10 000

（21）借：生产成本——辅助生产成本——供电车间 50 700

应交税费——应交增值税（进项税额） 8 619

贷：银行存款 59 319

（22）借：其他应收款——代垫费用——李黎 2 674.70

贷：库存现金 2 674.70

（23）借：应付职工薪酬——职工教育经费 288

贷：库存现金 288

（24）借：应付职工薪酬——工会经费 1 990

贷：库存现金 1 990

（25）借：应付职工薪酬——基本养老保险费 8 046

——基本医疗保险费 3 218

——失业保险费 804.6

——工伤保险费 201.16

——生育保险费 321.84

其他应付款——基本养老保险费（个人部分） 3 218.4

——基本医疗保险费（个人部分） 804.6

——失业保险费 402.3

贷：银行存款 17 017.3

（26）借：应付职工薪酬——工资 99 500

——职工福利 3 990

贷：银行存款 90 390

其他应付款——社会保险费（代扣代缴的职工个人负担的社保费用部分） 4 425.3

其他应收款——代垫费用——李黎（代垫的水电费、医药费等各种代垫费用） 2 674.7

应交税费——应交个人所得税 6 000

（27）借：库存现金 6 000

贷：银行存款 6 000

（28）借：银行存款 1 610 000

贷：应收账款——北京迪康医疗设备有限公司 1 610 000

（29）借：银行存款　　500 000
　　贷：应收票据　　500 000
（30）借：应付账款——深圳蓝莓电子设计研发中心　　500 000
　　贷：应收票据　　500 000
（31）借：银行存款　　490 480
　　　财务费用——利息支出　　9 520
　　贷：应收票据　　500 000
（32）借：应收票据　　2 000 000
　　贷：应收账款——北京迪康医疗设备有限公司　　2 000 000
（33）借：其他货币资金——银行汇票存款　　120 000
　　贷：银行存款　　120 000
（34）借：银行存款　　104 000
　　贷：应收账款——深圳市佳慧有限公司　　104 000
（35）借：银行存款　　5 000
　　贷：库存现金　　5 000
（36）借：应付账款——深圳蓝莓电子设计研发中心　　2 340 000
　　贷：银行存款　　2 340 000
（37）借：银行存款　　37 400
　　贷：应收账款——北京健心医疗设备有限公司　　37 400
（38）借：银行存款　　1 340 000
　　贷：应收账款——常州静安医疗设备有限公司　　1 340 000
（39）借：银行存款　　496.21
　　贷：财务费用——利息收入（普通存款利息）　　−496.21
（40）借：财务费用——利息支出（普通贷款利息）　　248.40
　　贷：银行存款　　248.40
（41）借：财务费用——手续费　　48.50
　　贷：银行存款　　48.50
（42）借：短期借款　　800 000
　　贷：银行存款　　800 000
（43）借：银行存款　　1 000 000
　　贷：短期借款　　1 000 000
（44）借：应付票据　　2 000 000
　　贷：其他货币资金——银行承兑汇票保证金账户　　1 000 000
　　　　银行存款　　1 000 000
（45）借：其他应收款——销售部——叶子　　3 500

贷：库存现金 3 500

（46）借：库存现金 5 000

贷：营业外收入 5 000

（47）借：应付账款——M市西协运输公司 6 000

贷：库存现金 6 000

（48）借：营业外支出——捐赠支出 11 717.20

贷：原材料——主控单元件 10 016

应交税费——应交增值税（进项税额转出） 1 701.20

（49）借：营业外支出 14 550

贷：库存商品 12 000

应交税费——应交增值税（销项税额） 2 550

（50）借：待处理财产损溢——待处理流动资产损溢 23 400

贷：原材料——无线通信单元件 20 000

应交税费——应交增值税（进项税额转出） 3 400

（51）借：管理费用——财产损失 20 000

其他应收款——小宝 3 400

贷：待处理财产损溢——待处理流动资产损溢 23 400

（52）借：管理费用——折旧费 4 420.14

制造费用——折旧费 6 333.33

贷：累计折旧 10 753.47

（53）借：管理费用——无形资产摊销 5 000

贷：累计摊销——专利权 5 000

（54）借：资产减值损失 16 296

贷：坏账准备 16 296

（55）借：生产成本——基本生产成本——可充电迷走神经刺激器——直接人工

51 600

——不可充电迷走神经刺激器——直接人工

34 400

——辅助生产成本——机修车间 5 000

——供电车间 5 000

制造费用——职工薪酬 8 000

管理费用——职工薪酬 7 660

销售费用——职工薪酬 8 900

贷：应付职工薪酬——工资 99 500

——职工福利 3 990

——职工教育经费 2 488

——工会经费 1 990

——社会保险费 12 592

（56）借：生产成本——基本生产成本——可充电迷走神经刺激器——直接材料 2 381 153.6

——不可充电迷走神经刺激器——直接材料 1 615 342.4

——辅助生产成本——机修车间 16 000

——供电车间 14 000

制造费用——机物料消耗 30 000

管理费用——材料费 2 000

销售费用——材料 1 000

贷：原材料——主控单元件 1 963 136

——钛合金 633 360

——无线通信单元件 1 400 000

——其他材料及配件 63 000

（57）借：生产成本——基本生产成本——可充电迷走神经刺激器——其他 51 660.2

——不可充电迷走神经刺激器——其他 36 713.2

制造费用——基本生产车间 1 960.64

管理费用——水电费 165.96

管理费用——维修费 200

贷：生产成本——辅助生产成本——机修车间 21 000

——供电车间 69 700

（58）借：生产成本——基本生产成本——可充电迷走神经刺激器——制造费用 27 776.38

——不可充电迷走神经刺激器——制造费用 18 517.59

贷：制造费用——机物料消耗 30 000

——折旧费 6 333.33

——职工薪酬 8 000

——基本生产车间 1 960.64

（59）借：库存商品——可充电迷走神经刺激器 2 512 190.18

——不可充电迷走神经刺激器 1 704 973.19

贷：生产成本——基本生产成本——可充电迷走神经刺激器——直接人工 51 600
——直接材料 2 381 153.6
——制造费用 27 776.38
——其他 51 660.2
生产成本——基本生产成本——可充电迷走神经刺激器——直接人工 34 400
——直接材料 1 615 342.4
——制造费用 18 517.59
——其他 36 713.2

（60）借：主营业务成本——可充电迷走神经刺激器 2 396 180
——不可充电迷走神经刺激器 1 899 981
贷：库存商品——可充电迷走神经刺激器 2 396 180
——不可充电迷走神经刺激器 1 899 981

（61）借：应交税费——应交增值税（转出未交增值税） 22 970.2
贷：应交税费——未交增值税 22 970.2

（62）借：营业税金及附加 2 996.42
贷：应交税费——应交城市维护建设税 1 747.91
——教育费附加 749.11
——地方教育费附加 499.4

（63）借：管理费用——房产税 2 520
——土地使用税 24 000
贷：应交税费——应交房产税 2 520
——应交土地使用税 24 000

（64）借：主营业务收入 5 360 000
其他业务收入 36 000
营业外收入 17 000
贷：本年利润 5 413 000

（65）借：本年利润 4 477 597.77
贷：主营业务成本 4 296 161
其他业务成本 30 048
营业税金及附加 2 996.42
销售费用 25 680
管理费用 70 828.46
财务费用 9 320.69

资产减值损失 16 296

营业外支出 26 267.2

（66）借：所得税费用 233 850.56

贷：应交税费—应交所得税 233 850.56

（67）借：本年利润 233 850.56

贷：所得税费用 233 850.56

二、登记账簿

登账其实就是抄账。

登记现金日记账：把记账凭证中有关“库存现金”科目的相关信息抄到库存现金日记账账簿中。

登记银行存款日记账：把记账凭证中有关“银行存款”科目的相关信息抄到银行存款日记账账簿中。

登记明细账：把记账凭证中有关明细科目的相关信息抄到明细账账簿中，一般一个明细科目一个账页（数据多的话，就多个账页）。

登记总账：把记账凭证中的每个总账科目逐笔抄到总账中或汇总后抄到总账中，汇总技术，在纯手工账的情况下，就是用T字账户汇总，并编制科目汇总表，其实你可以用Excel进行账务汇总。

各明细账总账抄账要点：

1.库存现金日记账的登记（如图17.1所示）

（1）日期：在“日期”栏中填入的日期应为据以登记账簿的会计凭证上的日期。

（2）凭证字号：在“凭证字号”栏中应填入据以登账的会计凭证的类型及其编号。

（3）摘要：在“摘要”栏内填写入账的经济业务内容，力求简明扼要。

（4）对应科目：与“库存现金”对应的科目。

第一，对应科目只填总账科目，不需要填明细科目；

第二，当对应科目有多个时，应填入主要的对应科目；

第三，当对应科目有多个且不能从科目上划分出主次时，可在对应科目栏中填入其中金额较大的科目，并在其后加上“等”字。

（5）借方、贷方：“借方金额”栏、“贷方金额”栏应根据相关凭证中记录的“库存现金”科目的借贷方向及金额填入。

×年		凭证字号	摘要	对应科目	借方											贷方											余额											√
月	日				亿	千	百	十	万	千	百	十	元	角	分	亿	千	百	十	万	千	百	十	元	角	分	亿	千	百	十	万	千	百	十	元	角	分	
12	1		期初余额																													4	1	4	0	0	0	
	4	记02	支付职工生活补助	应付职工薪酬																	2	1	8	6	0	0						1	9	5	4	0	0	
	4	记03	提现	银行存款						5	0	0	0	0	0																	6	9	5	4	0	0	
	9	记09	购买零星办公用品	管理费用																		8	8	5	0	0						6	0	6	9	0	0	
	21	记18	行政季群借差旅费	其他应收款																	5	0	0	0	0	0						1	0	6	9	0	0	
	29	记24	行政季群报差旅费	管理费用																		5	0	0	0	0							5	6	9	0	0	

图 17.1 库存现金日记账示意图

（6）余额："余额"栏应根据"本行余额=上行余额+本行借方−本行贷方"公式计算填入。

库存现金日记账余额栏前未印有借贷方向，其余额方向默认为借方，如果余额栏用红字登记，则表示贷方余额。

2.银行存款日记账的登记（如图17.2所示）

（1）及时登账，做到日清月结，经常核对，账实相符。

（2）定期（每月至少一次）与会计核对现金。

（3）定期到银行拿对账单，做银行存款余额调节表，与银行存款对账。

（4）对每笔报销款项核对发票金额和发票真伪，避免错账和假票。

（5）如果日记账登错了，用红笔在手工账错误的一行划双线，等于取消了这个记录，再将正确的用蓝笔登记在后面。

3.明细分类账的登记（如图17.3所示）

三栏式明细分类账适用于只进行金额核算的明细账户，一般根据记账凭证逐笔登记。在三栏式明细分类账的账页中一般设有"日期"、"凭证字号"、"摘要"、"借方"、"贷方"和"余额"栏，登记时根据记账凭证依次填入各栏目内容，并结记余额。

x年		凭证字号	摘要	对应科目	借方											贷方											余额											√
月	日				亿	千	百	十	万	千	百	十	元	角	分	亿	千	百	十	万	千	百	十	元	角	分	亿	千	百	十	万	千	百	十	元	角	分	
12	1		期初余额																													4	1	4	0	0	0	
	4	记02	支付职工生活补助	应付职工薪酬																	2	1	8	6	0	0						1	9	5	4	0	0	
	4	记03	提现	银行存款						5	0	0	0	0	0																	6	9	5	4	0	0	
	9	记09	购买零星办公用品	管理费用																		8	8	5	0	0						6	0	6	9	0	0	
	21	记18	行政季群借差旅费	其他应收款																	5	0	0	0	0	0						1	0	6	9	0	0	
	29	记24	行政季群报差旅费	管理费用																		5	0	0	0	0							5	6	9	0	0	

图 17.2　银行存款日记账示意图

明细分类账　　　　第　1　页

SUBSIDIARY LEDCER　　　　连续第　　页

科目编号　　　　明细科目　　　　总账科目

A/C NO 112201　　SUB LED A/C 深圳三勇建材有限公司　　GEN LED A/C 应收账款

x年		凭证字号	摘要	借方											√	贷方											√	借或贷	余额										
月	日			亿	千	百	十	万	千	百	十	元	角	分		亿	千	百	十	万	千	百	十	元	角	分			亿	千	百	十	万	千	百	十	元	角	分
12	1		期初余额																									借				2	3	4	0	0	0	0	0
	3	记01	收回前欠账款																2	3	4	0	0	0	0	0		平									0		
	19	记15	赊销B产品					2	3	4	0	0	0	0														借					2	3	4	0	0	0	0

图 17.3　明细分类账示意图

数量金额式账簿用于既要进行金额核算，又要进行数量核算的各项财产物资的明细分类账，如原材料、库存商品的明细分类账。

数量金额式明细账一般采用简化的账簿登记流程，根据原材料、库存商品等存货的收入、发出原始凭证逐笔填列。

其他特殊明细账根据账页格式的设置，填列有关的信息。

4. 总账的登记（如图 17.4 所示）

总分类账

科目：原材料　　　　　日期：2014-03-01—2014-03-31

2014年		凭证字号	摘要	借方										贷方										借/	余额									
月	日			千	百	十	万	千	百	十	元	角	分	千	百	十	万	千	百	十	元	角	分		千	百	十	万	千	百	十	元	角	分
			上期结转																					借				1	0	0	0	0	0	0
3	16	记 0001	*仓库发出一批材料用于生产产品															8	5	0	0	0	0	借					1	5	0	0	0	0
3	28	记 0002	*冲销记字0001号凭证:生产领料															8	5	0	0	0	0	借				1	0	0	0	0	0	0
3	28	记 0003	*蓝字更正记0001号生产领用材料															8	5	0	0	0	0	借					1	5	0	0	0	0
3	28	记 0004	*购入甲材料,款未付				8	0	0	0	0	0	0											借				8	1	5	0	0	0	0
3	28	记 0005	*冲销记字0004号凭证多记的金额				7	2	0	0	0	0	0											借					9	5	0	0	0	0
3			当前合计					8	0	0	0	0	0					8	5	0	0	0	0	借					9	5	0	0	0	0
3			当前累计					8	0	0	0	0	0					8	5	0	0	0	0	借					9	5	0	0	0	0

图 17.4　总分类账示意图

（1）日期栏：在逐日逐笔登记总账的方式下，填写业务发生的具体日期，即记账凭证的日期；在汇总登记总账的方式下，填写汇总凭证的日期。

（2）凭证字、号栏：填写登记总账所依据的凭证的字和号。在依据记账凭证登记总账的情况下，填写记账凭证的字、号；在依据科目汇总表的情况下，填写“科汇”字及其编号；在依据汇总记账凭证登记总账的情况下，填写“现（银）汇收”字及其编号、“现（银）汇付”字及其编号和“汇转”字及其编号；在依据多栏式日记账登记总账的情况下，可填写日记账的简称，如库存现金收入日记账可缩写为“现收账”，库存现金支出日记账可缩写为“现支账”，银行存款多栏式日记账的缩写方法同库存现金多栏式日记账的缩写方法。

（3）摘要栏：填写所依据的凭证的简要内容。对于依据记账凭证登记总账的单位，应与记账凭证中的摘要内容一致；对于依据科目汇总表登记总账的单位，应填写“某月科目汇总表”或“某月某日的科目汇总表”字样；对于依据汇总记账凭证登记总账的单位，应填写每一张汇总记账凭证的汇总依据，即是依据第几号记账凭证至第几号记账凭证而来的；对于依据多栏式日记账登记总账的单位，应填写日记账的详细名称。

（4）借、贷方金额栏：填写所依据的凭证上记载的各总账账户的借方或贷方发生额。

（5）借或贷栏：登记余额的方向，如余额在借方，则写“借”字；如余额在贷方，则写“贷”字；如果期末余额为零，则在“借或贷”栏写“平”字，并在“余额”栏中填0。

三、填列报表

根据期初余额、本期各科目发生额汇总数据，编制试算平衡表（见表17.1），根据报表取数规则（见表17.2、表17.3）填列报表（见表17.4、表17.5、表17.6、表17.7）。

表17.1　　　　**试算平衡表**

20××年6月　　　　单位：元

会计科目	科目编号	期初余额		本期发生额		期末余额	
		借方	贷方	借方	贷方	借方	贷方
库存现金	1001	22 669.80		11 000	20 752.70	12 917.10	
银行存款	1002	6 099 876.26		5 090 376.21	5 664 615.82	5 525 636.65	
其他货币资金	1012	1 000 000		120 000	1 120 000		
应收票据	1121	2 000 000		2 000 000	1 500 000	2 500 000	
应收账款	1122	149 400		5 417 320	5 091 400	475 320	
预付账款	1123	170 000			170 000		
其他应收款	1221			9 574.70	6 174.70	3 400	
坏账准备	1231		7 470		16 296		23 766
原材料	1403	2 900 000		5 205 580	4 119 560	3 986 020	
库存商品	1405	3 900 000		4 217 163.37	4 308 161	3 809 002.37	
固定资产	1601	1 260 000		50 558	150 000	1 160 558	
累计折旧	1602		217 246.53	60 000	10 753.47		168 000
固定资产清理	1606			104 000	104 000		
无形资产	1701	600 000				600 000	
累计摊销	1702		55 000		5 000		60 000
待处理财产损溢	1901			23 400	23 400		

续表

会计科目	科目编号	期初余额		本期发生额		期末余额	
		借方	贷方	借方	贷方	借方	贷方
短期借款	2001		800 000	800 000	1 000 000		1 000 000
应付票据	2201		2 000 000	2 000 000			
应付账款	2202		500 000	3 963 000	5 803 000		2 340 000
预收账款	2203		1 000 000	1 000 000			
应付职工薪酬	2211			118 360	120 560		2 200
应交税费	2221		39 230.26	964 201.46	1 219 308.38		294 337.18
其他应付款	2241			4 425.30	4 425.30		
实收资本	4001		12 000 000				12 000 000
盈余公积	4101		185 903.66		70 155.17		256 058.83
本年利润	4103			5 413 000	5 413 000		
利润分配	4104		1 297 095.61	140 310.34	771 706.84		1 928 492.11
生产成本	5001			4 307 863.37	4 307 863.37		
制造费用	5101			46 293.97	46 293.97		
主营业务收入	6001			5 360 000	5 360 000		
其他业务收入	6051			36 000	36 000		
营业外收入	6301			17 000	17 000		
主营业务成本	6401			4 296 161	4 296 161		
其他业务成本	6402			30 048	30 048		
营业税金及附加	6403			2 996.42	2 996.42		
销售费用	6601			25 680	25 680		
管理费用	6602			70 828.46	70 828.46		
财务费用	6603			9 320.69	9 320.69		
资产减值损失	6701			16 296	16 296		
营业外支出	6711			26 267.20	26 267.20		
所得税费用	6801			233 850.56	233 850.56		
总计		18 101 946.06	18 101 946.06	51 190 875.05	51 190 875.05	18 072 854.12	18 072 854.12

表 17.2　　**报表项目取数规则表（1）**　　单位：元

报表项目	取数方法	取数结果
货币资产	根据“库存现金”、“银行存款”、“其他货币资金”科目期末余额的合计数填列	12 917.1+5 525 636.65=5 538 553.75
应收票据	根据“应收票据”科目的期末余额减去“坏账准备”科目中有关应收票据计提的坏账准备期末余额后的金额填列	2 500 000
应收账款	根据“应收账款”和“预收账款”科目所属各明细科目的期末借方余额合计数，减去“坏账准备”科目中有关应收账款计提的坏账准备期末余额的金额填列，如“应收账款”科目所属明细科目期末有贷方余额的，应在资产负债表“预收账款”项目内填列	475 320−23 766=451 554
预付账款	根据“预付账款”和“应付账款”科目所属各明细科目的期末借方余额合计数，减去“坏账准备”科目中有关预付账款计提的坏账准备期末余额的金额填列，如“预付账款”科目所属明细科目期末有贷方余额的，应在资产负债表“应付账款”项目内填列	0
其他应收款	根据“其他应收款”科目的期末余额，减去“坏账准备”科目中有关其他应收款计提的坏账准备期末余额后的金额填列	3 400
存货	根据“材料采购”、“原材料”、“低值易耗品”、“库存商品”、“周转材料”、“委托加工物资”、“委托代销商品”、“生产成本”等科目的期末余额合计，减去“受托代销商品款”、“存货跌价准备”科目期末余额后的金额填列；材料采用计划成本核算，以及库存商品采用计划成本核算或售价核算的企业，还应按加或减材料成本差异、商品进销差价后的金额填列	3 986 020+3 809 002.37=7 795 022.37
固定资产	根据“固定资产”科目期末余额减去“累计折旧”和“固定资产减值准备”科目期末余额后的金额填列	1 160 558−168 000=992 558
固定资产清理	根据“固定资产清理”科目的期末借方余额填列，如“固定资产清理”科目期末为贷方余额，以“−”号填列	0

报表项目	取数方法	取数结果
无形资产	根据“无形资产”科目的期末余额，减去“累计摊销”和“无形资产减值准备”科目期末余额后的金额填列	600 000-60 000=540 000
短期借款	根据“短期借款”科目的期末余额填列	1 000 000
应付票据	根据“应付票据”科目的期末余额填列	0
应付账款	根据“应付账款”和“预付账款”科目所属各明细科目的期末贷方余额合计数填列；如“应付账款”科目所属明细科目期末有借方余额的，应在资产负债表“预付款项”项目内填列	2 340 000
预收账款	根据“预收账款”和“应收账款”科目所属各明细科目的期末贷方余额合计数填列；如“预收账款”科目所属明细科目期末有借方余额的，应在资产负债表“应收款项”项目内填列	0
应付职工薪酬	根据“应付职工薪酬”科目的期末余额填列	2 200
应交税费	根据“应交税费”科目的期末贷方余额填列，如“应交税费”科目期末未借方余额，应以“-”号填列	294 337.18
其他应付款	根据“其他应付款”科目的期末余额填列	0
实收资本(或股本)	根据“实收资本”科目的期末余额填列	12 000 000
资本公积	根据“资本公积”科目的期末余额填列	0
盈余公积	根据“盈余公积”科目的期末余额填列	256 058.83
未分配利润	根据“本年利润”科目和“利润分配”科目填列	1 928 492.11
营业收入	根据“主营业务收入”和“其他业务收入”科目的发生额分析填列	5 360 000+36 000= 5 396 000
营业成本	根据“主营业务成本”和“其他业务成本”科目的发生额分析填列	4 296 161+30 048= 4 326 209

续表

报表项目	取数方法	取数结果
营业税金及附加	根据“营业税金及附加”科目的发生额分析填列	2 996.42
销售费用	根据“销售费用”科目的发生额分析填列	25 680
管理费用	根据“管理费用”科目的发生额分析填列	70 828.46
财务费用	根据“财务费用”科目的发生额分析填列	9 320.69
资产减值损失	根据“财务费用”科目的发生额分析填列	16 296
营业利润	根据“营业收入-营业成本-营业税金及附加-销售费用-管理费用-财务费用-资产减值损失+公允价值变动损益+投资收益”计算填列，如为亏损，本项目以“-”号填列	5 396 000-4 326 209-2 996.42-25 680-70 828.46-9 320.69-16 296=944 669.43
营业外收入	根据“营业外收入”科目的发生额分析填列	17 000
营业外支出	根据“营业外支出”科目的发生额分析填列	26 267.20
利润总额	根据“营业利润+营业外收入-营业外支出”计算填列，如为亏损，本项目以“-”号填列	944 669.43+17 000-26 267.20=935 402.23
所得税费用	根据“所得税费用”科目的发生额分析填列	233 850.56
净利润	根据“利润总额-所得税费用”计算填列，如为亏损，本项目以“-”号填列	935 402.23- 233 850.56=701 551.67

表 17.3 **报表项目取数规则表（2）**

现金流量表
将涉及现金及现金等价物且对现金流量产生影响的会计分录的科目替换为现金流量表中的项目，如： 借：应付职工薪酬——职工教育经费 288 贷：库存现金 288 把“库存现金”这个科目，用现金流量表上的项目，“支付的职工薪酬”，替代。 借：应付职工薪酬——职工教育经费 288 贷：支付的职工薪酬 288 全部分录分析替代后，汇总即可。

表 17.4 资产负债表

会企 01 表

编制单位:重庆宝迪电子有限公司 20××年 6 月 30 日 单位：元

资 产	行次	期末余额	年初余额	负债和所有者权益(或股东权益)	行次	期末余额	年初余额
流动资产:	1			流动负债:	34		
货币资金	2	5 538 553.75	7 122 546.06	短期借款	35	1 000 000.00	800 000.00
交易性金融资产	3	0	0	交易性金融负债	36	0	0
应收票据	4	2 500 000.00	2 000 000.00	应付票据	37	0	2 000 000.00
应收账款	5	451 554.00	141 930.00	应付账款	38	2 340 000.00	500 000.00
预付账款	6	0	170 000.00	预收账款	39	0	1 000 000.00
应收股利	7	0	0	应付职工薪酬	40	2 200.00	0
应收利息	8	0	0	应交税费	41	294 337.18	39 230.26
其他应收款	9	3 400.00	0	应付利息	42	0	0
存货	10	7 795 022.37	6 800 000.00	应付股利	43	0	0
一年内到期的非流动资产	11	0	0	其他应付款	44	0	0
其他流动资产	12	0	0	一年内到期的非流动负债	45	0	0
流动资产合计	13	16 288 530.12	16 234 476.06	其他流动负债	46	0	0
非流动资产:	14	0	0	流动负债合计	47	3 636 537.18	4 339 230.26
可供出售金融资产	15	0	0	非流动负债:	48		
持有至到期投资	16	0	0	长期借款	49	0	0
投资性房地产	17	0	0	应付债券	50	0	0
长期股权投资	18	0	0	长期应付款	51	0	0

续表

资产	行次	期末余额	年初余额	负债和所有者权益(或股东权益)	行次	期末余额	年初余额
长期应收款	19	0	0	专项应付款	52	0	0
固定资产	20	992 558.00	1 042 753.47	预计负债	53	0	0
在建工程	21	0	0	递延所得税负债	54	0	0
工程物资	22	0	0	其他非流动负债	55	0	0
固定资产清理	23	0	0	非流动负债合计	56	0	0
生产性生物资产	24	0	0	负债合计	57	3 636 537.18	4 339 230.26
油气资产	25	0	0	所有者权益(或股东权益):	58		
无形资产	26	540 000.00	545 000.00	实收资本(或股本)	59	12 000 000.00	12 000 000.00
开发支出	27	0	0	资本公积	60	0	0
商誉	28	0	0	盈余公积	61	256 058.83	185 903.66
长摊待摊费用	29	0	0	未分配利润	62	1 928 492.11	1 297 095.61
递延所得税资产	30	0	0	减:库存股	63	0	0
其他非流动资产	31	0	0	所有者权益(或股东权益)合计	64	14 184 550.94	13 482 999.27
非流动资产合计	32	1 532 558.00	1 587 753.47		65		
资产总计	33	17 821 088.12	17 822 229.53	负债和所有者权益(或股东权益)总计	66	17 821 088.12	17 822 229.53

表17.5 **利润表**

会企02表

编制单位：重庆宝迪电子有限公司　　20××年6月　　单位：元

项目	行次	本期金额	上期金额(略)
一、营业收入	1	5 396 000	
减：营业成本	2	4 326 209	
营业税金及附加	3	2 996.42	
销售费用	4	25 680	
管理费用	5	70 828.46	
财务费用	6	9 320.69	
资产减值损失	7	16 296	
加：公允价值变动收益（损失以“—”号填列）	8	0	
投资收益（损失以“—”号填列）	9	0	
其中：对联营企业和合营企业的投资收益	10	0	
二、营业利润（亏损以“—”号填列）	11	944 669.43	
加：营业外收入	12	17 000	
减：营业外支出	13	26 267.20	
其中：非流动资产处置净损失	14	0	
三、利润总额（亏损总额以“—”号填列）	15	935 402.23	
减：所得税费用	16	233 850.56	
四、净利润（净亏损以“—”号填列）	17	701 551.67	
五、每股收益	18		
（一）基本每股收益	19	—	
（二）稀释每股收益	20	—	

表17.6

现金流量表

20××年度

会企03表

编制单位：重庆宝迪电子有限公司

单位：元

项目	行次	本年金额	上年金额(略)
一、经营活动产生的现金流量	1		
销售商品、提供劳务收到的现金	2	3 977 880.00	
收到的税费返还	3		
收到其他与经营活动有关的现金	4	5 496.21	
经营活动现金流入小计	5	3 983 376.21	
购买商品、接受劳务支付的现金	6	5 639 319.00	
支付给职工以及为职工支付的现金	7	109 685.30	
支付的各项税费	8	39 492.62	
支付其他与经营活动有关的现金	9	23 523.20	
经营活动现金流出小计	10	5 812 020.12	
经营活动产生的现金流量净额	11	-1 828 643.91	
二、投资活动产生的现金流量	12		
收回投资收到的现金	13		
取得投资收益收到的现金	14		
处置固定资产、无形资产和其他长期资产收回的现金净额	15	104 000.00	
处置子公司及其他营业单位收到的现金净额	16		
收到其他与投资活动有关的现金	17		
投资活动现金流入小计	18	104 000.00	
购建固定资产、无形资产和其他长期资产支付的现金	19	59 100.00	
投资支付的现金	20		
取得子公司及其他营业单位支付的现金净额	21		
支付其他与投资活动有关的现金	22		
投资活动现金流出小计	23	59 100.00	

项目	行次	本年金额	上年金额(略)
投资活动产生的现金流量净额	24	44 900.00	
三、筹资活动产生的现金流量	25		
吸收投资收到的现金	26		
取得借款收到的现金	27	1 000 000.00	
收到其他与筹资活动有关的现金	28		
筹资活动现金流入小计	29	1 000 000.00	
偿还债务支付的现金	30	800 000.00	
分配股利、利润或偿付利息支付的现金	31	248.40	
支付其他与筹资活动有关的现金	32		
筹资活动现金流出小计	33	800 248.40	
筹资活动产生的现金流量净额	34	199 751.60	
四、汇率变动对现金的影响	35		
五、现金及现金等价物净增加额	36		
加：期初现金及现金等价物余额	37		
六、期末现金及现金等价物余额	38	−1 583 992.31	

表 17.7 **现金流量表附注**

20××年度 单位：元

补 充 资 料	行次	本年金额	上年金额(略)
1.将净利润调节为经营活动现金流量	39		
净利润	40	701 551.67	
加：资产减值准备	41		
固定资产折旧、油气资产折耗、生产性生物资产折旧	42	10 753.47	
无形资产摊销	43	5 000.00	
长期待摊费用摊销	44		
处置固定资产、无形资产和其他长期资产的损失（收益以“—”号填列）	45	−10 000.00	

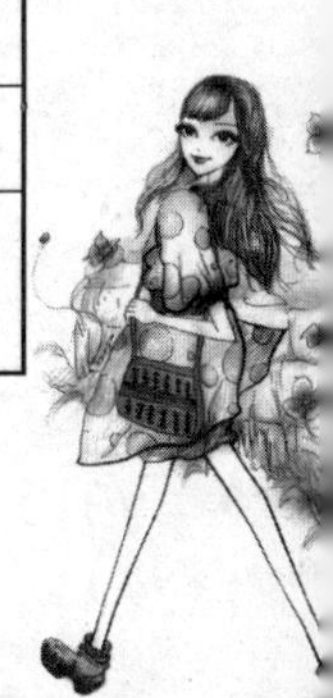

续表

补 充 资 料	行次	本年金额	上年金额(略)
固定资产报废损失(收益以“—”号填列)	46		
公允价值变动损失(收益以“—”号填列)	47		
财务费用(收益以“—”号填列)	48	9 320.69	
投资损失(收益以“—”号填列)	49		
递延所得税资产减少(增加以“—”号填列)	50		
递延所得税负债增加(减少以“—”号填列)	51		
存货的减少(增加以“—”号填列)	52	-995 022.37	
经营性应收项目的减少(增加以“—”号填列)	53	-643 024.00	
经营性应付项目的增加(减少以“—”号填列)	54	-902 693.08	
其他	55	-4 530.29	
经营活动产生的现金流量净额	56	-1 828 643.91	
2.不涉及现金收支的重大投资和筹资活动	57		
债务转为资本	58		
一年内到期的可转换公司债券	59		
融资租入固定资产	60		
3.现金及现金等价物净变动情况	61		
现金的期末余额	62	5 538 553.75	
减:现金的期初余额	63	7 122 546.06	
加:现金等价物的期末余额	64		
减:现金等价物的期初余额	65		
现金及现金等价物净增加额	66	-1 583 992.31	

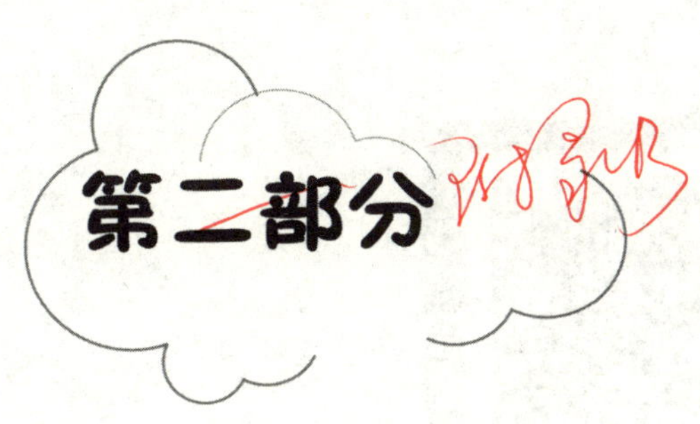

Excel账

一、填制记账凭证

扫描下面图标，下载Excel凭证记账模板。

关注小艾上班记微信公众号（xiaoaicoco），回复数字707，查看。

二、登账

在Excel中登账非常简单：

库存现金日记账，直接筛选“库存现金”科目；

银行存款日记账，直接筛选“银行存款”科目；

明细账，直接筛选明细科目；

总账，直接筛选总账科目，或者汇总总账科目。

观看Excel登记账簿的微视频，请扫一扫下面的二维码。

关注小艾上班记微信公众号（xiaoaicoco），回复数字708，查看。

汇总可以用数据透视分析，或者用函数汇总。扫描下面的二维码，观看视频，用数据透视分析汇总。

关注小艾上班记微信公众号（xiaoaicoco），回复数字709，查看。

三、填列报表

根据期初余额、本期各科目发生额汇总数据，编制试算平衡表；根据手工账的取数规则，填列报表。

观看试算平衡表的微视频，请扫一扫下面的二维码。

关注小艾上班记微信公众号（xiaoaicoco），回复数字710，查看。

试算平衡表及其他基础资料请扫描下面的二维码直接下载。

关注小艾上班记微信公众号（xiaoaicoco），回复数字711，查看。

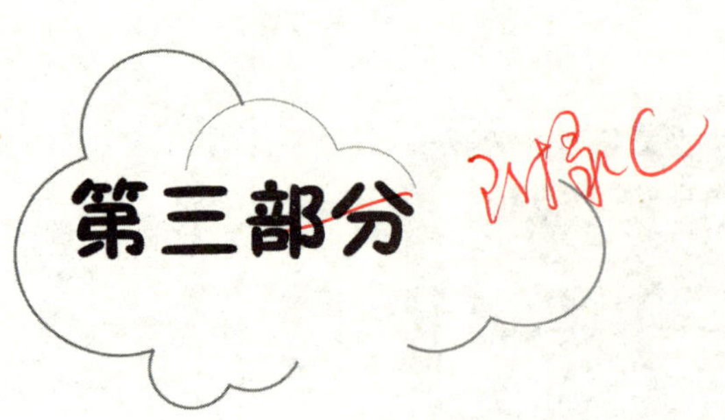

第三部分

财务软件账

假设账套的启用期间是第一期，也就是说是在年初（1月份）启用。在基本功能熟悉之后，再在年中启用，如6月份启用。

一、软件初始设置（初始化）

1.凭证字号（请扫下面的二维码）

关注小艾上班记微信公众号（xiaoaicoco），回复数字712，查看。

2.科目设置（请扫下面的二维码）

关注小艾上班记微信公众号（xiaoaicoco），回复数字713，查看。

3.币别、初始余额录入（请扫下面的二维码）

关注小艾上班记微信公众号（xiaoaicoco），回复数字714，查看。

二、填制记账凭证（请扫下面的二维码）

关注小艾上班记微信公众号（xiaoaicoco），回复数字715，查看。

三、结账（请扫下面的二维码）

关注小艾上班记微信公众号（xiaoaicoco），回复数字716，查看。

四、查询日记账、明细账、总账（请扫下面的二维码）

关注小艾上班记微信公众号（xiaoaicoco），回复数字717，查看。

五、查询报表（请扫下面的二维码）

关注小艾上班记微信公众号（xiaoaicoco），回复数字718，查看。